Medhananda und Yvonne Artaud
Der Weg des Horus

8

Therapeutische Konzepte der Analytischen Psychologie C. G. Jungs

Herausgegeben von Dr. Ursula Eschenbach

Medhananda und Yvonne Artaud

Der Weg des Horus

Bilder des inneren Weges
im alten Ägypten

BONZ.

Originaltitel: »The Way of HORUS«, eine Veröffentlichung
des Identity Research Institute, Pondicherry 605010, Indien,
einer freien und uneigennützigen Forschungsstelle
für fundamentale Psychologie

Illustrationen: Brigitte Redis zeichnete die Illustrationen nach Abbildungen ägyptischer Originale

Aus dem Englischen übertragen von Ingrid Riedel-Karp

CIP–Titelaufnahme der Deutschen Bibliothek

Artaud, Medhananda:
Der Weg des Horus: Bilder des inneren Weges im alten Ägypten/Medhananda u. Yvonne Artaud.- Fellbach: Bonz, 1991.
(Therapeutische Konzepte der analytischen Psychologie C. G. Jung; 8)
ISBN 3-87089-314-1
NE: Artaud, Yvonne:; GT

Satz und Druck: Druckerei Scheel, Fellbach

Die Sprache der Wirklichkeit ist eine Sprache der Bilder.
Entdecken wir wieder die Bedeutung jener Bilder
für die Kommunikation,
die die großen Lehrer der Vergangenheit erfanden,
um uns einzuführen in die Strukturen der Wirklichkeit
in uns und im Universum.

Der Weg des Horus

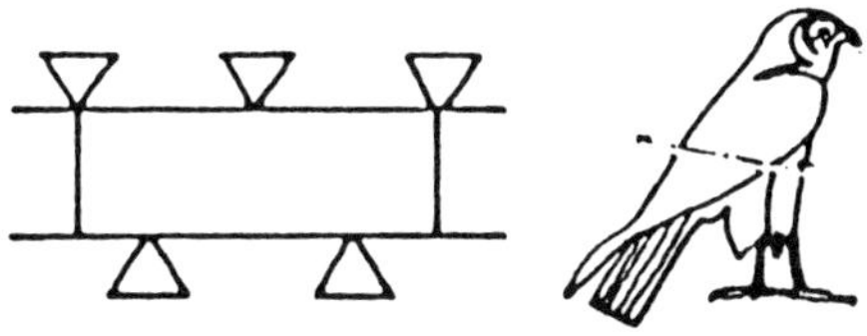

(Buchtitel in Hieroglyphenschrift*)

Der Weg des Horus
war der Name der ersten ägyptischen Grenzstadt,
die der aus Asien kommende Reisende betrat.
Symbolisch ist hier der Wegbeginn dargestellt.

* Anmerkung 1 – Bibl. 33, S. 62

Inhalt

Geleitwort der Herausgeberin

In der Analytischen Psychologie C. G. Jungs ist der amplifikatorische, d. h. anreichernde Umgang im psychologischen und psychodynamischen Arbeitsbereich fester methodischer Bestandteil. Er eignet sich besonders gut, um in den Träumen und aktiven Imaginationen des modernen Menschen die aktuellen Signale aus den Tiefenschichten der Psyche zu deuten und in ihrer Bedeutung für die jeweilige Lebenssituation entziffern zu können.

Insofern war »The Way of Horus« für mich eine faszinierende Begegnung. Eine vergleichende Betrachtung dieses Bilderweges aus dem alten Ägypen zeigt – über die Zeitdimensionen von viertausend Jahren hinweg – überraschende Übereinstimmungen in ganz grundlegenden geistig-religiösen Standpunkten, ganz besonders aber in den archetypischen Grundchiffren.

Die neuartige und sehr modern anmutende Interpretation der uralten Bilder und Hieroglyphen läßt ein profundes Wissen um psychische Entwicklungs*möglichkeiten* erkennen. Mit bemerkenswerter Klarheit und Psychopädagogik wird auf diesem »Bilderweg« das Individuum mit den Fähigkeiten, Notwendigkeiten und Gefährdungen seiner eigenen Energien konfrontiert, ohne den *moralischen* Zeigefinger oder Zumessung von Schuld und Strafe. Man begegnet seinem Schatten, seinen Ängsten, vor allem aber den Wegweisern zu seiner eigenen Selbstfindung und Ganzheit. Das intuitive Wort öffnet – scheinbar mühelos – den weiten Inhaltsfächer der uralten Schriftbilder und verbindet längst Vergangenes mit aktuellem psychischen Sein.

Dies ist sowohl für den Forscher auf dem Gebiet der innerpsychischen Dynamik und der Zusammenhänge des Ich-Selbst-Bezuges interessant wie für den Therapeuten in der Praxis des analytischen Dialoges. Denn in der urbildhaften Traumsymbolik des heutigen Menschen tauchen häufig dynamische Bildfacetten auf, deren Archetypik auf ägyptische Mythologeme hindeutet. Ich weise nur auf einige solcher Urbilder hin: auf die differenzierte Fruchtbarkeitschiffre aus der Endphase der matriarchalen Bewußtseinsentwicklung im Mythologem von *Isis* und *Osiris. Sie ist verbunden mit der Wiedergeburts-Chiffre* und bezieht die chtonischen Ereignisse des Jahresrhythmus am »großen Fluß« mit dem göttlichen Element des »ewigen Seins« mit ein.

Ein ebenso weitreichendes wie wirkträchtiges Urbild liegt in der archetypischen Signatur des *Bruder-Gegensatzes,* der sich im alten Ägypten mit den Namen von »Horus und Seth« verbindet und im christlichen Mythos als *Kain-Abel-Komplex* bekannt ist.

Im Symbolraum des Sonnengottes *RE* aber konstituiert sich die wichtige *Gott-Vater-Sohn-Chiffre,* deren dunkle und lichte Sohn-Seite sich vereinigen muß zu dem, der beides trägt und erträgt.

Der »Weg des Horus« zeigt, daß dieser frühe Seinsentwurf auf eine sich ausdifferenzierende Bewußtseinsentwicklung angelegt war. Die intuitive Schau dieses geistigen Weges überspringt bei weitem die eigene mythische Zeitdimension. Besonders eindrucksvoll sind die nach Originalen gezeichneten symbolträchtigen Bilder und Hieroglyphen, die schon für sich einen meditativen Wert darstellen. Dadurch wird der »Weg des Horus« zu einem täglichen Übungsbuch, das jeder in die Hand nehmen kann, um mit sich selbst einen Dialog zu führen und sich selbst wahrzunehmen.

Ursula Eschenbach

Vorwort

Eine jahrtausendealte Bewegung der Befreiung

»Der Weg des Horus« ist ein altes System psychologischen Trainings für all jene, die danach streben, Meister ihres eigenen Seins zu werden. Dieses ehemalige Mysterienwissen war unter dicken Schichten von Fehlinterpretationen begraben und in Vergessenheit geraten. Sein ursprünglicher seelenführender und -heilender Inhalt war verborgen.

Die Bilder, die wir hier sehen werden, kommen aus dem goldenen Zeitalter, als die Seelenkräfte des Menschen noch nicht Götter im Himmel geworden, sondern eigene Kräfte waren.

Horus ist ein Name und ein Bild für unsere eigene Fähigkeit zur Selbsterkenntnis und Selbstverwirklichung. Es gibt keine größere Macht als diese.

Es wäre absurd, sich vorzustellen, Spiritualität sei eine neue Errungenschaft des Menschen. Spiritualität lag im Menschen, noch bevor er Mensch war, genauso wie sie in Kindern, Affen und Katzen, Hunden und Krokodilen, Blumen, Schmetterlingen und Sternen ist.

Spiritualität ist unser Geburtsrecht, unser individueller Weg der Befreiung, das, was uns furchtlos, ewig und frei macht. Die spirituellen Lehren streben auf dem direkten Weg das Einswerden mit der Wirklichkeit an, so wie sie ist. Es gibt dabei kein Predigen und kein Glauben an übermenschliche Wesen, kein Bestehen auf Dogmen und moralischen Lehren. Es werden nur klare Hinweise gegeben auf die Bewegungen der Selbstwahrnehmung, die geübt und ausgeführt werden müssen, um die Türen und Fenster unserer Wahrnehmung für die Wirklichkeit zu öffnen.

Und auch jedesmal, wenn wir einer Volksreligion aus vergangenen Zeitaltern begegnen oder mythologische Darstellungen und Legenden entdecken, können wir sicher sein, daß hinter den frommen Bildern, den Litaneien und heiligen Regeln, meist verborgen, jedoch kraftvoll und ewig, das Drängen des Menschen steht, frei von allen Lebens- und Todesängsten zu sein.

Jede archetypische göttliche Symbolik, die durch priesterliche Akklamation in den Himmel projiziert wird, muß aber bei wachsendem Bewußtsein als Teil der eigenen Seele wiedererkannt werden.

Selbst in den dunkelsten Zeiten, als die Menschen vollkommen unterdrückt waren von »heiligen« Hierarchien und bedroht von Kreuzigungen, Scheiterhaufen und Galgen, blieb der Drang nach Freiheit lebendig.

Heute haben die Wissenschaft und die ihr entsprechende »materialistische« Philosophie die Rolle der »heiligen« Hierarchien übernommen.

Dem zum Staubkorn reduzierten Menschen ist dabei die Möglichkeit eines selbstbestimmten Bewußtseins verweigert. Und bei dem Blick auf sich selbst im Sinne der Methoden der Verhaltenspsychologie tritt der Mensch in seiner Ganzheit und Zeitlosigkeit ebenfalls niemals in Erscheinung.

Die Wahl liegt somit nicht zwischen materialistischer Weltsicht und frommem Aberglauben, da beide dem Menschen seine spirituelle Souveränität rauben und ihn entweder zum Spielball von Zufall oder von rachsüchtigen Gottheiten werden lassen.

Zu allen Zeiten gab es aber eine schweigende Minderheit, die die Freiheit des Geistes und die Identität und Souveränität des Menschen niemals aufgegeben hat.

»Erkenne Dich selbst« stand über dem Orakeltempel in Delphi für die Adepten der Mysterien im alten Griechenland. Im frühen Christentum die Gnostiker, im Islam die Sufis, im Mittelalter die Häretiker oder Templer, sie alle haben die Gewißheit gemeinsam, daß die Erkenntnis des inneren Selbst der Weg zu Befreiung und Erlösung ist.

»Alles, was ist, das sind wir selbst.«

»Ich erforsche mich selbst«, sagte Heraklit.

»Ich selbst bin dieser Ozean der Wonne, der bis an den Rand mit der höchsten Glückseligkeit gefüllt ist«, sagt Shankara.

Von Laotse bis Sokrates, Mansur Al-Hallag und Vivekananda brachten sie alle in verschiedenen Worten dieselbe lebendige Weisheit zum Ausdruck. Überraschenderweise wird der Weg der Befreiung, je weiter wir in der Zeit zurückgehen, immer souveräner, offener und triumphierender.

Die Gestalten, die auf dem Weg des Horus sichtbar werden, zeigen die Hauptthemen spiritueller Befreiung im alten Ägypten. Als Weg der Selbsterkenntnis wird er uns sichtbar, sobald wir die gelehrten Kommentare überschreiten, die uns die Hieroglyphen und Bilder erklären als Namen von Göttern, Göttinnen und Pharaonen.

Tatsächlich zeigt jeder sogenannte Gott eine psychische Bewegung (eine Tendenz und Möglichkeit), die erkannt und geübt werden muß.

So lädt uns jeder Pharao ein, aus dem Bettlerstatus herauszukommen und das Königreich, das wir selber sind, zu erobern.

Hieroglyphen und Götterbilder offenbaren sich als psychologische Paradigmen, dynamische Seelenkräfte, die wir in uns selbst entdecken und vervollkommnen müssen um unserer geistigen Freiheit und Identität willen.

Die Fähigkeit des alten ägyptischen Sehers, die psychologische Vielfalt des Menschen zu umarmen und fest in einer einzigen aufragenden Bewegung zusammenzubinden, ohne ihre Unterschiedlichkeit und ihren Reichtum zu beeinträchtigen, ist die charakteristische Errungenschaft eines goldenen Zeitalters. Kein anderes kulturelles Umfeld ist bekannt, das so beharrlich Aberglauben und Furcht bekämpft hat, so herzhaft menschliche Widersprüche fortgelacht und soviel zur Versöhnung und Harmonisierung menschlicher Gegensätze beigetragen hat wie das Alt-Ägypten. So feierte das Volk viele religiöse Feste: Feiern des Sonnenaufganges, Feiern des Sonnenunterganges, Feiern der Nacht, Feiern der Geburt, Feiern des Todes, Feiern des Horizonts. Feiern ist möglich, weil die Grundlage des Universums, seine Realität, Freude und jeder Augenblick neu und anbetungswürdig ist.

Heute können wir die Verbindung mit dem vergangenen goldenen Zeitalter natürlicherweise dort entdecken, wo das neue Zeitalter von Sri Aurobindo angekündigt und durch den Wechsel des Tierkreiszeichens sichtbar wird. Wo das letzte aufhört, schlägt das neue seine Wurzeln und beginnt.

Das mag die Leichtigkeit erklären, mit der wir jetzt diese Wurzeln auffrischen und wiedererkennen können. Denn wir gehören schon zum herannahenden Goldenen Zeitalter – einem Zeitalter mit einer Seinsweise, die unauslotbar für unseren analytischen Verstand bleiben wird. Gleichsam wie ein Vorspiel dazu, wies Sri Aurobindo auf die Möglichkeit hin, eine Art Psychosynthese aller geistigen Schätze zu bilden, die geduldig in der Vergangenheit gesammelt wurden, und diese allen Menschen verfügbar zu machen.

»In den frühen Tagen waren diese Dinge Mysterien,
die die Menschen den Wenigen, den Eingeweihten, überließen
und sie durch ihr Überlassen
am Ende aus dem Blick verloren;
aber das Bestreben dieses neuen Denkens ist,
alle Mysterien
zu offenbaren, zu enthüllen
und unserem Verständnis nahezubringen.«

Sri Aurobindo*

Pondicherry, April 1988 — Medhananda und Yvonne Artaud

* Bibliographie 1

Einführung

Sir Alan Gardiner fragt in seinem Werk »Egyptian grammar« (Bibl. 16, S. 15): »Waren die Hieroglyphen früherer Zeit teilweise auch alphabetisch, oder waren sie gänzlich figurativ, wie Champollion es oft vermutet hatte?«

Natürlich waren griechisch-römische Namen, wie Ptolemäus oder Kleopatra, wenn sie in Hieroglyphen geschrieben würden, alphabetisch, das heißt phonetisch. Aber war tausend Jahre früher der Name Ramses, »der Sonnengeborene«, nur alphabetisch – oder war die symbolische Bedeutung hinter den Zeichen lebendig?

Wenn aber die Hieroglyphen eine figurative und symbolische Bedeutung haben: Wie kann man sie interpretieren?

Die Schrift war zu Anbeginn eine Bilderschrift. Reine Piktogramme können in verschiedenen Kulturen gefunden und studiert werden: in Mittelamerika, auf den Osterinseln, in Mohenjo-Daro, im alten China, in Mesopotamien und in Ägypten. Aber sehr früh in der Geschichte der Schrift wurden die Piktogramme zu Phonogrammen.

Die ursprünglichen Bild-Bedeutungen wiederzuentdecken – im Gegensatz zur späteren verbalen Lesart – ist eines der Ziele der Paläographie.

In Ägypten blieb die symbolische Bedeutung hinter der phonetischen Schreibweise lebendig. Bis zum Mittelalter glaubte man, daß die Hieroglyphen eine geheime, verborgene Bedeutung haben. Aber als der Rosetta-Stein gefunden wurde, der eine Wort-für-Wort-Übersetzung ins Griechische enthält, wurde die Ägyptologie überschwemmt von einer Flut verbaler Übersetzungen, weit entfernt vom ursprünglichen Inhalt der Hieroglyphen.

Wenn man die zahllosen sogenannten ägyptischen Götternamen oder die Namen der Pharaonen liest, so findet man phonetisch geschrieben z. B.: Neith, Hapi, Duamutef, Sakhmet, Peribsen, Khufu, Sahure . . .

Dies sind Wörter, die aus einzelnen Buchstaben bestehen und die Bedeutung verschlüsseln, wohingegen die ägyptische Original-Bilderschrift dem Sucher komplexe Botschaften vermittelt, z. B.: der leere Sitz als Isis, der Schlitten als Atum, Re als der Kreis, Hathor als das Haus des Horus. Als Lehrbilder enthalten sie den Weg und die Bewegungen des Selbst-Gewahrseins.

Symbole im allgemeinen und Hieroglyphen im besonderen stellen dem Wort gegenüber einen Gegensatz dar. Worte trennen die Dinge und betonen deren Verschiedenheit, während Symbole betonen, was ihnen gemeinsam ist. Dies ist der Grund, warum ihre Übersetzung in Worte nicht ihre innerste Bedeutung vermittelt. Und aus demselben Grund bedarf das Studium dieser Symbole sowohl des Wort-Denkens als auch vor allem des Bild-Denkens.

Die gelehrten ägyptischen Lexika mit ihrer reichen Ernte phonetischer Übersetzungen werden ein unentbehrliches Werkzeug für die Forschungsarbeit bleiben. Und doch glauben wir, daß der psychologische Gehalt der alten ägyptischen Bilder sich einer grammatikalisch-philologischen Untersuchung entzieht. Aus diesem Grunde wird bei der Forschungsarbeit in unserem Identity Research Institute in Pondicherry, Indien, besonderer Wert auf die Übersetzung des Bildes in seine Symboldynamik gelegt.

Die Hieroglyphen und ägyptischen Lehrbilder waren das Ergebnis eines »holistischen« Denkens. Somit kann sich ihnen nur ein »holistisches« Denken nähern, das die umfassende Frage stellt:

»Wer bin ich? Welches ist meine Beziehung zum Ganzen?«

Schön und klar kommt die Symboldynamik in der ägyptischen Hieroglyphe »Sein« zum Ausdruck:

Der obere Teil repräsentiert einen körperlichen Zustand, die Selbst-Schöpfung. – Sie steigt auf aus der undifferenzierten Schwingung darunter: der Vibration als mütterlichem Prinzip, dem Wasser des Lebens, dem Chaos, dem Unbewußten.

Das Universum war ein Ganzes, in dem es eine Beziehungsdynamik gab von Einzelnen in der Ganzheit, von Vereinigungen und Trennungen, von Gleichem und Komplementärem, wie wir sie heute in der sogenannten Mengenlehre finden. Ist das etwa eine »mystische« Interpretation der ägyptischen Bilderwelt? Oder ein besserer Schlüssel, um das alte ägyptische Wissen zu erschließen?

Das Geheimnis der Hieroglyphen und aller ägyptischen Bilder ist eigentlich einfach genug – obgleich es selbst dann ein Geheimnis bleiben mag, nachdem es enthüllt ist, wie es sich in einem weiteren Beispiel in dem Namen Hapi andeutet, dem »Hüter der Geheimnisse«:

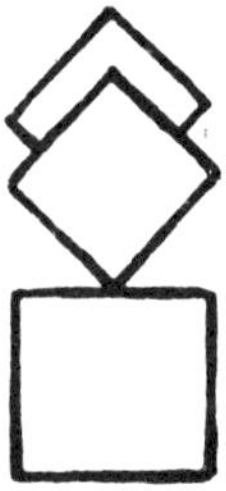

Über dem Quadrat, dem Symbol der materiellen Welt, steht eine subtile Welt, die eine ganz andere Statik zeigt und die eine unsichtbare Vibrationsdynamik ist.
E. A. W. Budge (Bd. I, S. 463)

Es ist dieselbe Welt, die wir zu kennen glauben, doch aus einer anderen Perspektive gesehen, von ihrer groben Stofflichkeit befreit, gewissermaßen auf den Zehenspitzen tanzend – unter einer Hülle der Verborgenheit. Die Hülle ist nichts anderes als die phänomenale Erscheinung, die die Schwingungs-Realität der Dinge maskiert.

So geht die wahre Bedeutung der Hieroglyphen über das rein Figurative hinaus.

Ein Segel bedeutet »Wind« und »atmen«, eine Fahne bedeutet »unsichtbar bewegt«.

Die Kuh, der Baum, das Haus, der Himmel . . ., sie alle sind Prinzipien, Bewegungen des Selbst-Gewahrseins, die eine Form benutzen wie der Musiker sein Musikinstrument – mit dessen Vermögen zur Resonanz mit dem Ganzen.

Wenn die Hieroglyphen nur phonetischen Wert besäßen, hätten neue Religionen, die während des Niedergangs der ägyptischen Kultur ins Leben traten, sehr leicht in die Hieroglyphenschrift übersetzt werden können. Das war jedoch nicht der Fall. Analytisches Denken kann sich mittels der Hieroglyphen nicht ausdrücken.

Das Wissen im alten Ägypten war immer auch ein Heilungsprozeß. Die besondere Schönheit der alten Tempel lag darin, daß nicht das Wort, sondern das Bild zur Predigt wurde. Das Lehren und Heilen fand in aller Stille statt. Und so würde der Leser unserem Wunsch entgegenkommen, wenn er unsere Kommentare vergäße, sobald wir seine Aufmerksamkeit auf ein ägyptisches Bild gelenkt haben. Denn schließlich können wir die alten Zeichen verstehen, weil sie in unserem Unbewußten als Urbilder lebendig geblieben sind. Sie bilden für immer in uns lebende Archetypen, bereit, uns zu führen und uns zu helfen. Und wenn wir sie nicht mit abergläubischen Vorstellungen behaften, sollten wir fähig sein, sie zu verstehen.

Sie kommen aus einer Zeit, in der der Mensch Zwiesprache mit sich zu halten pflegte und sich und das Universum in der inneren Auseinandersetzung mit sich selbst zu verstehen suchte.

Wende Dich ihnen zu und siehe – die Bilder sprechen!

There was a time
when the gods still walked on the earth
and participated in everything.

Sri Aurobindo

Es gab eine Zeit,
da wandelten die Götter noch auf Erden
und hatten an allem teil.

I Von Bild zu Bild

Bei der Hand genommen

Wie HORUS und sein Schatten SETH
werden auch wir an der Hand genommen
und auf den inneren Weg geführt.

Aus dem Papyrus von Beatty I*

* Anmerkung 1 – Bibl. 8, I, S. 176; 10, I, S. 463; 39, S. 259

gehen wir . . .*

Von Bild zu Bild . . .

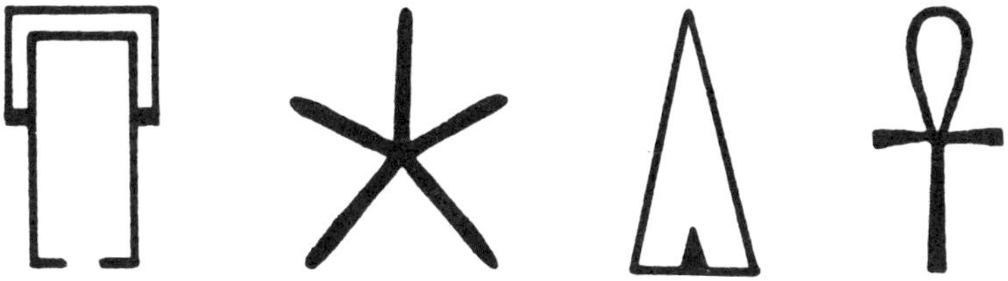

Hieroglyphen

»Tor« »Stern« »Darbringung« »Leben«

* Bibl. 16, S. 492 – 40

HORUS als Falke
über dem Haupt Ramses' II. schwebend*

* Anmerkung 3 – Bibl. 23, S. 64

Folge den Verkehrszeichen

HORUS, Kind des globalen Selbst-Gewahrseins, RE,*
ist ein Symbol der Suche nach unserem wahren Selbst.
Vom Paramahamsa des Veda
bis zum Heiligen Geist unserer Zeit
erscheint er als Schwan, Gans, Pfau oder Reiher,
Hahn oder Storch oder in anderen Formen,
jenseits des Bereiches bekannter zoologischer Arten.
Als Vogel des Zeus oder als Adler der Heraldik,
von St. Gallen bis zum Tempel von Edfu,
vom Donnervogel der Totempfähle
Nordwestamerikas zum Quetzal Mexikos,
zum Phönix Chinas und zum Garuda Indiens
wird er nicht als ein Objekt der Anbetung dargestellt,
sondern als ein Lehrsymbol.
Die Botschaft lautet:
Komm heraus und flieg mit mir!
Verborgen hinter religiösen Auslegungen
offenbart sich wahre Spiritualität, – ein großartiger Weg
der Selbsterkenntnis und Selbstverwirklichung.
Der Weg des HORUS, der Bilder-Weg,
ist nicht gebunden an verbale Ausdrücke von zweifelhaftem Wert,
deren Bedeutung sich in jeder Generation
und jedesmal, wenn sie in andere Sprachen übersetzt werden, ändern.
HORUS lebt.
Alle Pyramiden, Obelisken, unzählige Skulpturen,
Bilder und mehr als tausend Hieroglyphen sind
dynamische Verkehrszeichen auf der Straße des HORUS,
der ältesten und ersten – soweit wir wissen –
aller Straßen des Menschen,
mit ihrer Fülle von Signalsystemen,
die immer noch geheimnisvoll dastehen,
um uns in unsere eigene persönliche Unvergänglichkeit zu führen.
Ein Lehrbild oder -symbol gibt nicht vor,
die letzte Realität
in dogmatischer Ausschließlichkeit darzustellen.
Es beabsichtigt, uns vorzubereiten und zu transformieren,
so daß wir Schritt für Schritt
unsere sinnlichen und existenziellen Begrenzungen
überwinden können
und eintreten in einen Zustand des Selbst-Gewahrseins,
eins mit der Wirklichkeit.

* Anmerkung 4

Der Pharao wird umarmt, und beseligendes Leben
wird ihm dargeboten.
Vom Tempel Sethos' I.*

* Anmerkung 5 – Bibl. 23, S. 18

Der ägyptische Weg

Der ägyptische Weg hat seine Wurzeln noch
im »Goldenen Zeitalter« –
prähistorisch, prädynastisch,
und vor allem präanalytisch.

Die Einheit des Neugeborenen mit seiner Mutter
braucht keine Bestätigung.
Er fühlt sich eins mit ihrer Brust, mit der Milch, die er trinkt,
mit der Luft, die er atmet: alles ist er.
Er braucht kein mentales Diagramm oder Programm
für sein Tun.

So gab es im alten Ägypten keine theologischen Versuche,
die Existenz Gottes zu beweisen.
Es gab kein Wort für Dogma oder Religion,
kein Wort für Glauben;
aber natürlich mußte man gehorchen,
wenn man im Traum einen Befehl erhielt.

Die Frage: »Glaubst Du an Gott?«
könnte nicht ins Ägyptische übersetzt werden.
Sie wußten, daß RE als Sonne jeden Morgen aufgeht,
zur Freude des ganzen Volkes, der Vögel
und der Affen,
so daß sie alle RE werden
und wie RE aufgehen konnten.

Was willst du mehr?

* Vgl. Traum des Josef im christlichen Bereich. Traum von Thutmosis: Es war auf der Jagd und zu Mittag rastete er im Schatten eines Hügels und schlief ein und träumte. Er träumte, jemand sage zu ihm: Ich bin dein Vater, grabe mich aus dem Sand und ich werde dich zum Pharao machen: Dies war ein Befehl, denn was er ausgraben sollte aus dem Sand, war die SPHINX, welche von Sand bedeckt war. Zwischen den Füßen der SPHINX ist eine Tafel, die Tafel des Thutmosis, auf der geschrieben steht, wie er die SPHINX ausgegraben hat und Pharao wurde.

Die Namen des Pharao Haremhab
sind in den königlichen Kartuschen geschrieben
und identisch mit seinem psychischen Programm.*

* Anmerkung 6 – Bibl. 18, S. 18

Der Bilder-Weg

Mit dem Studium des alten Ägypten
betreten wir nicht nur ein anderes Land
und eine andere Kultur,
wie beim Studium von Griechenland und Rom, sondern wir begeben uns
in eine andere Welt
mit einer anderen Art,
Information und Kommunikation zu entwickeln.
Die Ägypter vertrauten die Übermittlung
ihres kulturellen Erbes
nicht geschriebenen, aus Buchstaben zusammengesetzten Wörtern an,
sondern Bildern in Form von Hieroglyphen,
Malereien und Skulpturen.

Der moderne Mensch benötigt zum Verstehen
die exakte phonetische Wiedergabe seiner Worte.
Obgleich unsere Verkehrszeichen heute
auch auf Worte verzichten und dennoch klar anzeigen,
welche Bewegung mit dem Fahrzeug ausgeführt werden soll.
Aber unsere Steinzeit-Vorfahren lebten nicht
in einer Konsumgesellschaft mit aktivem Austausch
von Waren und äußeren Informationen.
Sie waren hauptsächlich daran interessiert,
ihre Entdeckungen über das mitzuteilen,
was sie als Grundlagen des Lebens betrachteten:
die Geheimnisse von Geburt und Tod,
Elend und Glück,
ein König zu sein oder ein Krokodil,
in einem sinn- und bedeutungsvollen Universum zu leben.
Zur Übermittlung dieser Bewußtseinszustände
waren Bilder einprägsamer.

Wort und Symbol betreffen verschiedene Welten.
Durch das Wort wird die analytische Fähigkeit aktiviert,
durch das Bild das Verstehen einer Ganzheit.
Vom Wort wird die Wirklichkeit in zahllosen
Einzelteilen wiedergegeben,
während das Bild dazu führt,
das Mysterium der Ganzheit zu umarmen,
und in der totalen Identifikation endet.
Diese Verschiedenheit von Wort und Symbolik führt nicht nur
zu einer anderen Art des Schreibens,
sondern zu einer anderen Art, das Universum zu betrachten:
einer anderen Art, Mensch zu sein.

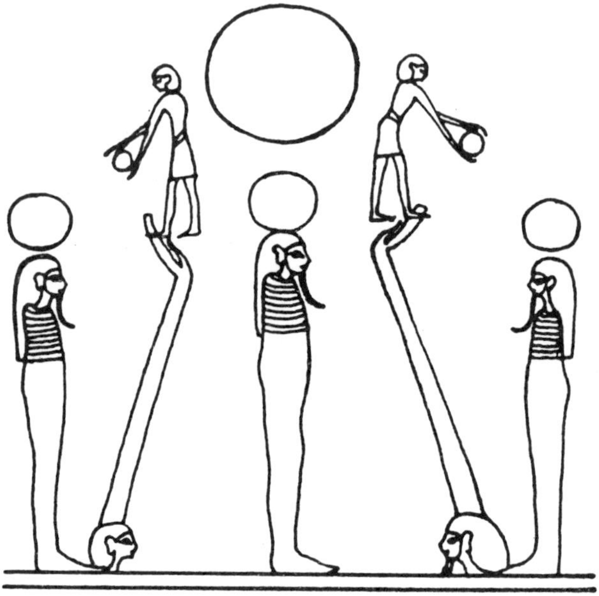

Andere Aktivitäten oberhalb des Mentalen:
Ein Spiel, den Sonnenball des Selbst-Gewahrseins
von sich an sich selbst weiterzugeben.
Aus dem Grab Ramses' VI.*

* Anmerkung 7 – Bibl. 28, I, Fig. 98

Während Hunderttausenden von Jahren
haben unsere Vorfahren alle ihre Mußezeit auf Erden
auf den Versuch verwandt,
ihre innere Welt zu zähmen und sie bewohnbar zu machen.
Was sie lehren, zeigt uns, wie man schläft,
wie man träumt, wie man Frieden,
Leichtigkeit des Herzens und Glückseligkeit erreicht;
wie man sein Selbst-Gewahrsein in Raum und Zeit ausdehnt,
wie man sein nächstes Leben jetzt, in diesem Leben, vorbereitet,
ohne den Tod zu fürchten und wie man wiedergeboren wird.

Es war kein intellektuelles, sondern ein praktisches Lehren.
Von Schülern wurde nicht verlangt, an irgend etwas zu glauben,
sondern sie sollten mit einfachen Übungen beginnen,
die sie überzeugen konnten,
nicht auf einen physischen Körper begrenzt zu sein.

Wir haben die Kräfte der Imagination, der Liebe, der Identifikation,
durch die wir unsere körperlichen Begrenzungen übersteigen können.
Wenn wir uns nicht in ihnen üben,
werden wir uns mit dem Tod unseres Körpers identifizieren.
Aber wenn wir gelernt haben, unser Selbst-Gewahrsein
oberhalb und jenseits unseres Körpers zu halten,
werden wir den Tod nicht kosten.
Diese einfache Lehre unserer Steinzeit-Vorfahren
müssen wir wieder entdecken.

Die Bilder und Skulpturen, auf die sich die gesamte kulturelle
und künstlerische Aktivität Ägyptens über Jahrtausende konzentrierte,
wurden in unzähligen Versionen gezeichnet, gemeißelt und gemalt,
von den größten Künstlern jener Zeit
in zahllosen Tempeln, Gräbern und Papyrusrollen,
als Schritte zu Selbsterkenntnis und Unsterblichkeit.

Um die Bilder zu verstehen,
brauchen wir nicht die gesprochene ägyptische Wort-Sprache
zu kennen.
Aber halten wir diese nicht nur für das, was sie zu sein scheinen.
Was Gegenstände, Tiere, Götter und Könige zu sein scheinen,
sind alles Symbole für jene noch unbekannten Teile von uns,
denen wir begegnen und mit denen wir vertraut werden müssen
auf dem Weg zum vollkommenen Selbst-Gewahrsein.

Sehen wir deshalb diese Bilder nicht als etwas
Mythologisches oder Religiöses an,
sonst verfehlen wir ihre Botschaft. Sie übermitteln uns uralte Weisheit
in symbolischen Bildern.
Alle diese Ebenbilder und Symbole sind Teile von uns und immer wir selbst.

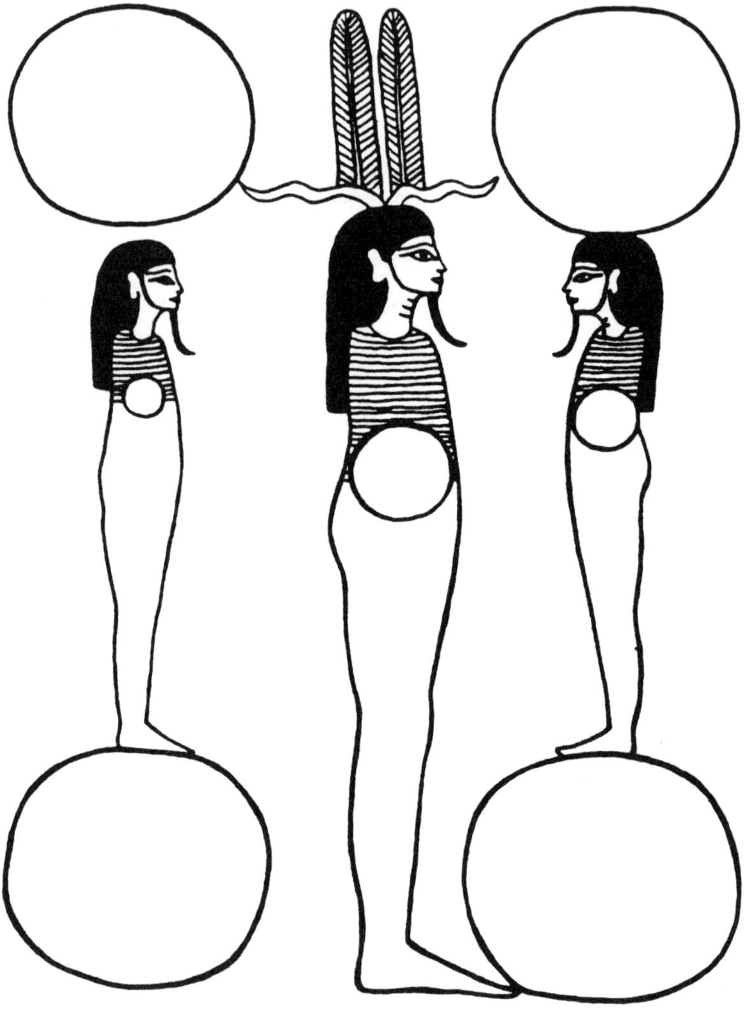

Aus dem Grab Ramses' IV.*

* Anmerkung 8 – Bibl. 28, I, Fig. 91

Psychologie in Bildern

Wir könnten uns fragen, warum Bilder nötig sind.
Zur Erforschung der inneren psychischen Welt?

Aber Bilder sind sogar nötig zur Erforschung der äußeren Welt.
Wir können ein Wort wie »Entropie« tausendmal wiederholen,
wenn wir aber kein damit verbundenes inneres Bild haben,
wird es uns nicht helfen,
diesen Grundbegriff moderner Physik zu verstehen.
Ein Physiker aber kann die eindringliche Schönheit
der Entropie-Formel $S=K \log W$ lieben,
weil sie in ihm ein erkennbares Bild hervorruft.

In der nebenstehenden Abbildung bedeuten die vier großen Kreise
das transzendente Bewußtsein und das Unbewußte in der
Psyche des Schülers.
Bei der zentralen Gestalt des Meisters erscheinen diese
symbolischen Kreise
oberhalb und unterhalb nicht,
da dieser durch das Bewußtsein seiner gesamten Seinsskala
diese in sich integriert hat.

Dieses Bild hat noch eine tiefere Bedeutung.
Wir haben das kosmische Gesetz der Entropie erwähnt.
Der Gegenpol der Entropie – der Weg des Horus –
zielt sowohl auf ein fortgesetztes Sammeln und Aufbauen von Energie
als auch auf ein ständiges Gewahrsein hin,
wie es in dem Bild der mittleren Gestalt klar ausgedrückt ist.
Dieses Merkmal treffen wir in allen ägyptischen Lehren an:
Geist ist Energie,
Spiritualität ist gesammelte Energie.

Aus dem Papyrus des Ani*

* Anmerkung 9 – Bibl. 35, S. 60

Psychologische Ereignisse, z. B. Bewegungen des Selbst-Gewahrseins,
brauchen ein inneres Bild,
um für das Bewußtsein wahrnehmbar und erkennbar zu werden;
eine Bewegung, die wir erstreben, mit der wir uns identifizieren,
an die wir uns erinnern,
die wir wiederholen können,
als Teil des Wissens von uns selbst.

Das Bild zeigt ein Auftauchen, ein Aufsteigen,
ein Aufwachen: es zeigt uns, wie man
eine fortwährende psychische Wiedergeburt übt.

Es sollte schon für das Kind lehrende, inspirierende Bilder geben,
um eine weite und intuitive
Selbstwahrnehmung und Integration zu ermöglichen,
um über die aktuellen menschlichen Begrenzungen hinaus
blühen zu können.
Seine zukünftige Rolle als Alpha, als Pionier, als Organisator
oder als Yogi hängt
völlig ab von der Verfeinerung des Bildes,
das es von sich selbst hat.

Aus dem Papyrus des Hunefer*

* Anmerkung 10 – Bibl. 35, S. 86

Wie sollen wir zum Beispiel fähig werden,
unseren Nächsten zu lieben wie uns selbst,
wenn wir nur abstrakte Worte und kein greifbares Bild haben,
diese Beziehung darzustellen?

Zuerst sollen wir uns selbst lieben.
Und wir können uns nur selbst lieben, wenn wir
ein Bild von uns haben, das verehrungswürdig ist.
Im nebenstehenden Bild sehen wir den Schüler
in einer Situation, die uns seltsam vorkommen mag:
Er huldigt seinem eigenen Bild als Phönix.
Nicht nur seine Beziehung zu sich selbst, sondern auch
seine Beziehung zur Welt hängt von diesem Bild ab.
Die gleiche Verehrung und Liebe kann er nun auf seinen Nächsten
und seine gesamte Umgebung übertragen.
Aber es beginnt mit einem Bild von sich selbst.

Wir können nur lieben, was wir in der Imagination berühren können,
während wir unsere Augen schließen.

Hieroglyphischer Text
Aus dem Grab des Haremhab*

* Bibl. 18, S. 21

Und wenn Bilder nötig sind,
um uns selbst zu kennen, zu lieben und Selbst zu werden,
warum dann diese Fülle von Bildern?
Würde nicht ein einziges ausreichen?
Nein, denn am Anfang unserer Suche
sind wir nicht Eins, sondern Vieles.

Unser nach außen gewandtes wissenschaftliches Forschen
hat uns gelehrt, wie reich und wie kompliziert
das materielle Universum ist.
Wenn wir beginnen wollen, uns selbst zu erkennen,
können wir mit der vereinfachten Ansicht beginnen:
innen finde ich zunächst nur mich.

Aber wir werden bald entdecken,
daß wir innerlich genau so reich sind,
wie das Universum draußen
reich und schön und vielfältig ist.

Und wir können erst die Einheit all dessen, was ist, begreifen,
wenn wir seine Aspekte der Vielförmigkeit, Vielgestaltigkeit
in uns gesammelt und geeint haben.

Hieroglyphen
»Berg« »Eidechse« »Sonnenaufgang« »Kuh« »Baum«

Heute kann eine einzelne moderne psychologische Theorie
das gesamte Spektrum psychologischer Phänomene nicht erklären.
Die alten Ägypter aber knüpften schon ein ganzes Netz
von verwandten Modellen und Aspekten der Psyche,
indem sie einfach die physischen Ereignisse
in ihrer Umgebung
als lehrende Analogien für die Seele annahmen.

Genauso wie man verschiedene Landkarten braucht,
wenn man in verschiedene Teile unserer Erde reist,
gebrauchten sie verschiedene Modelle oder Symbole
für ihre Forschungsreisen
in die inneren Welten.

Was immer wir in der physischen Welt antreffen,
sei es ein Fluß oder ein Berg,
eine Eidechse oder ein Sonnenaufgang,
ein Baum oder eine Kuh,
jedes ist ein Spiegel des Seins und kann uns
wichtige Aspekte unserer selbst lehren,
aus dem einfachen Grund, weil wir alle
Teile derselben Wirklichkeit sind.

Und immer, wenn wir etwas antreffen,
das uns fremd erscheint, dann sollten wir uns beeilen,
unsere Gemeinsamkeit mit ihm zu entdecken,
damit uns die fremdartige Erscheinung
nicht Angst vor uns selbst einflößen kann.

»Mistkäfer«

»Sarg«

»Pflanze«

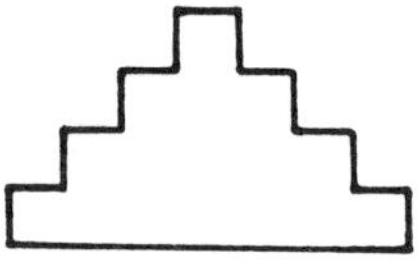

»Treppe«

»Fahne«

»Eule«

Was ist das, was so aussieht
wie ein Sarkophag oder ein Tor oder ein Grashalm
oder eine Leiter oder eine Fahne oder ein Mistkäfer?
Nun, das bist Du.

Wir können uns selbst begreifen als eine Blume,
als ein Vogel, ein Stein, ein Schiff oder ein Stern –
wunderschöne Ausdehnungen, Erweiterungen des Menschseins
in einem ewigen Spiel,
in dem alles wir selbst sind
und doch spielen, etwas anderes zu sein.

Auf ein Lehrbild zu blicken,
bis wir uns selbst darin erkennen,
ist der erste Schritt zur Selbsterkenntnis.

Die Schwierigkeiten, die ein moderner Leser haben mag,
wenn er sich in den Geist dieses Buches hineinversetzt,
liegen darin, sich einzugestehen,
daß die alten Ägypter
in der Psychologie der Selbsterkenntnis
viel weiter fortgeschritten gewesen sein könnten,
als wir es heute sind,
und daß es kein Mythos
oder primitiver religiöser Glaube war,
der hinter den symbolischen Bildern stand,
sondern praktische psychologische und
psychotherapeutische Information.

Die erweiternden und befreienden Wirkungen
eines wahren psychologischen Lehrens sind einfach zu testen.
Versuche es für ein paar Tage an dir selbst
und sieh, ob es wirkt.
Wenn ein Symbol eine Bewegung des Selbst-Gewahrseins in dir auslöst
und dir hilft, dich selbst zu verstehen,
was bedeutet es dann,
daß die Lehre Jahrtausende lang verhüllt war im Geheimnis
der Hieroglyphe?
Du hast einen neuen Spielplatz entdeckt,
ein weites Königreich in dir selbst,
und einen Weg, der innere König, der Pharao,
der Herr all dieser Reichtümer zu werden.

Aus dem Tempel von Edfu*

Für die Kinder von morgen

Das obenstehende Bild zeigt, wie ein ägyptischer Seher
das Universum sehen konnte.
Der Korb ist die Hieroglyphe für »alles«.
Der große mütterliche Seelenvogel –
das mütterliche Prinzip, »die Herrin des Hauses« –
gebraucht ihn, um alle ihre Schätze,
alle ihre Eier in Sicherheit zu bringen,
und nun bewacht und beschützt sie deren Entwicklung.
Um uns selbst als Eier im Korb zu verstehen,
müssen wir die Mutter verstehen,
und dazu haben wir dieses Bild von ihr.

* Bibl. 32, S. 320

Das Geheimnis, das hinter dem Denken und hinter
mentaler Konzeption steht, ist ein Bild.
Das Wort »Idee« ist abgeleitet vom griechischen Wort
»idea« (Erscheinung, Urbild),
dessen Wurzeln von »eidolon« (Bild) und
»idein« (erblicken, erkennen) kommen.

Wir leben in dem, was wir heute Kosmos nennen,
aber schon unsere Steinzeit-Vorfahren hatten ihn sich vorgestellt,
hatten sich Bilder von ihm gemacht und ihm Namen gegeben.
Bei den alten Ägyptern wurde er
»Schönheit, Schönheit, Schönheit« genannt.

Wie wir schon erklärt haben, ist ägyptische Kunst
das Ergebnis jahrtausendelanger Evolution.
Dieser Zeitbereich bleibt jenseits unserer Fähigkeit
historischen Verständnisses, dennoch ist er
in unserem Unbewußten archetypisch eingraviert
und fährt fort, in unseren Genen zu leben.
Wir gehören einer alten Familie an, der Familie des Menschen.
Unsere steinzeitlichen Großmütter
haben das ganze Quartiär-Zeitalter hindurch nicht nur Beeren
in Wäldern und Savannen gesammelt,
sondern sie haben auch »psychische Beeren«
im unsichtbaren Korb des Gedächtnisses der Menschheit gesammelt:
die Beeren der Weisheit, die Äpfel des Lebens,
die Juwelen der Träume, die Bilder eines zukünftigen Menschen,
die in ihrem Denken und in ihren Herzen blühten.

Sie entdeckten, daß im Geschmack einer einzigen Beere
das gesamte Universum gefunden werden konnte,
aber auch, daß in der einen Hälfte des Apfels das
ewige Leben weitergegeben wurde,
während in der anderen Hälfte die Illusion des Todes verborgen lag.
Seit Anbeginn der Menschheit hat Eva ihre Kinder gelehrt,
diesen Apfel des Lebens zu essen und nicht zu sterben.

Als Ägypten durch die Vereinigung der beiden Königreiche
– der inneren und der äußeren Welt – entstand
und die alten Märchen unserer Vorfahren
in symbolische Bilder übersetzt wurden,
geschah das für kommende Menschenkinder,
die fähig sein würden,
sie zu sehen,
ohne auf die Kommentare jener zu hören,
die nur in der einen Hälfte des Universums leben.

Aus dem Grab Sethos' I.*

* Anmerkung 11 – Bibl. 23, S. 63

Im nebenstehenden Bild aus dem Grab Sethos' I.
sehen wir eine Bildgeschichte der Evolution:
Unsere ewige BA-Kapazität
in Gestalt eines Widders,
dessen Hörner die Eierschalen unserer Frühentwicklung
– unserer Begrenzungen, unserer vergangenen Formen –
von innen her aufbrechen,
und fortschreitend von Lebensform zu Lebensform,
die Fähigkeit mit einschließt, uns Flügel wachsen zu lassen und zu fliegen.

Die Lehrbilder des HORUS-Weges sind für jene bestimmt,
die eine Wahrheit durch ihre Schwerelosigkeit
von einer Unwahrheit, die schwer ist, unterscheiden können.

Daß wir nur Mensch sind, ist eine schwere Lüge.
Nichts ist nur dies oder nur das.
Was immer wir ersehnen zu sein, führt in
die Schwerelosigkeit der Wahrheit.
Daß es irgend etwas in diesem Universum gibt,
das größer oder kleiner ist als wir,
ist ebenfalls Unwahrheit und Lüge.
Die Wahrheit ist, daß wir Bruder und Schwester aller Wesen sind.

Die größte und schädlichste Unwahrheit ist,
daß der Tod das Ende aller Dinge sei.
Schauen wir auf diese Bilder und erkennen:
Hinter dem Tod steht die ewige Erneuerung.

Aus dem Grab Sethos' I.*

* Anmerkung 12 – Bibl. 28, II, Planche 58

II Von Freund zu Freund

Das Entdecken psychologischer Strukturen

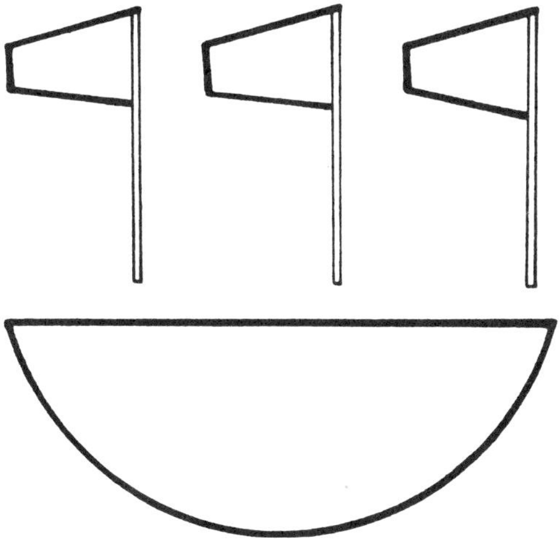

Vorige Seite und nebenstehende Reihe:
Hieroglyphen »Neteru«
Aus dem Grab des Haremhab*

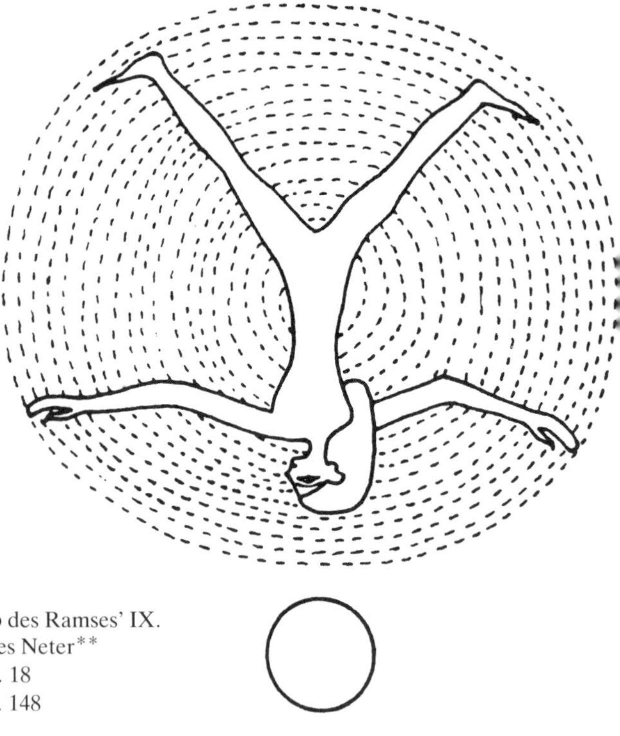

Aus dem Grab des Ramses' IX.
Involution eines Neter**

* Bibl. 18, S. 18
** Bibl. 21, S. 148

Die ewigen Bewegungen in uns

Um die Botschaften der ägptischen Bilder zu entziffern,
müssen wir zuerst den *ntr* verstehen (Singular: neter, Plural: neteru).
Das ist nur möglich, wenn wir die unglückliche Übersetzung in
»Götternamen« vergessen
– unglücklich, weil sie nicht übernatürliche Überpersonen,
sondern Teile von uns selbst, von jedem lebenden Wesen sind.
Ihr Symbol ist die wehende Fahne.
Die Fahne sind wir.
Und die ewigen Bewegungen in uns,
die die Fahne bewegen, sind die Neteru.

Tatsächlich sind sie all das,
was uns auf allen Ebenen der Existenz bewegt.
Sie bewegen und verbinden die Elektronen
und die Sterne, den Löwen und die Gazelle,
Tiefschlaf und Erwachen
in all den verschiedenen Räumen und Zeiten.

Schöpfung geschieht nicht auf einer Töpferscheibe.
Sie beginnt als Imagination,
als Formung eines Bildes; die Hindus nannten es den Traum Vishnus,
der auf der Schlange der Unendlichkeit schläft,
das Bild eines Photons, bevor es Licht gab,
das Bild eines Kohlenstoff-Ringes, bevor es Leben gab,
die Synapse eines Neutrons, bevor es Verstand gab,
ein Bild reiner Vibration,
bevor sie in der Welt der Dinge Resonanz fand.

Die Neteru, wie die alten Ägypter sie sich vorstellten,
waren aktive, dynamische Bilder,
die sich in die Schöpfung hineinprojizierten,
indem sie ein Universum von Vibrationen
in eines mit Korpuskeln übertrugen.

Im vorausgehenden Bild symbolisiert ein Neter,
der sich kopfüber hinunterstürzt,
den gesamten Prozeß der Manifestation.
Der kleine Kreis stellt reines Bewußtsein dar,
ein Bewußtsein ohne Zentrum,
oder dessen Zentrum überall ist
(in Indien Shiva genannt).
Dort bewegt sich nichts.
Alle Bewegungen geschehen im großem Kreis (Shiva's Shakti),
wo auf einem vibrierenden Hintergrund
alle Ereignisse stattfinden:
der Tanz des Universums.

Wir kennen die Neteru nicht,
weil wir uns der Illusion hingeben,
daß wir uns aus eigenem freien Willen bewegen.
Wir glauben, daß unsere Meinungen, unsere Ideen,
unsere Vorlieben und Abneigungen,
unsere Wünsche, unsere Lieben uns gehören,
Ausdruck dessen, was wir unsere Individualität nennen.
Aber in Wirklichkeit werden wir geleitet, gehalten und inspiriert,
oder getrieben, geritten, herumgestoßen
oder zerrissen von den Neteru in uns,
wir sind ihr Spielplatz und ihr Schlachtfeld.

Dennoch gibt es freie Menschen.
Sie haben hart gekämpft für ihre Freiheit.
Sie haben ihr Königreich dadurch erobert,
daß sie alle Neteru in sich getroffen,
erkannt, gesammelt und umarmt haben.
Die Wahrheit hat sie frei gemacht,
nicht irgendeine Wahrheit,
sondern die große, allgemeine Wahrheit, die wir alle sind.

Unterdessen sind wir eingeladen, der Neteru in uns gewahr zu werden,
ihre Bekanntschaft zu machen,
ihr Freund, ihr Bruder, ihr Spielgefährte zu sein.
Dann werden, wie in dem alten deutschen Schlaflied, –
»Abends, wenn ich schlafen geh',
vierzehn Englein (Neteru) um mich stehen . . .«
– um mich in einen neuen Morgen zu begleiten.

Aus dem Grab Ramses' VI.*

* Anmerkung 13 – Bibl. 28, I, Fig. 126

Die Neteru sind keine Geschöpfe
gelehrter theologischer Spekulationen,
keine Allegorien oder Abstraktionen.
Sie sind keine statischen, in Ewigkeit festgelegten Persönlichkeiten,
wie es die späteren hellenischen Götter waren.
Sie sind keine Engel oder bloß Boten
irgendeines Jehova außerhalb und jenseits der Schöpfung.
Sie sind selbstbewußte Struktur-Muster, kosmische Funktionen,
Prinzipien und Kräfte, Weisen des Tätigseins in uns.
Und sie bleiben Prinzipien und Kräfte,
selbst wenn sie in frommen Gemütern
oder in psychologischer Bildsprache Gestalt annehmen.
Deshalb haben sie keine Namen,
nur Beinamen, Tausende von Beinamen,
die ihre Tätigkeit in uns beschreiben.

Zwischen den griechischen Göttern und dem Menschen,
zwischen Jehowa und Moses
war ein unüberwindlicher Abgrund der Sterblichkeit,
der Schöpfer und Geschöpfe trennte.
In Ägypten waren alle, von AMUN bis RE,
von HORUS bis zum Pharao,
Krokodil oder bis zum Schakal,
Selbst-Manifestationen,
von unzähligen Körpern und Formationen gebildet
und in ihrem Verhalten in archetypischen Formen geprägt.

Die Neteru variieren ihre Erscheinung
und bleiben doch im Grunde die gleichen.
Wie eine Algebra-Formel können sie
eine endlose Folge von Werten annehmen.
Aber welche Formen sie auch projizieren,
sie sind immer bedeutsam, symbolisch,
»Verkehrszeichen«, die wir kennen müssen
auf dem Weg zu Erleuchtung und Freiheit.

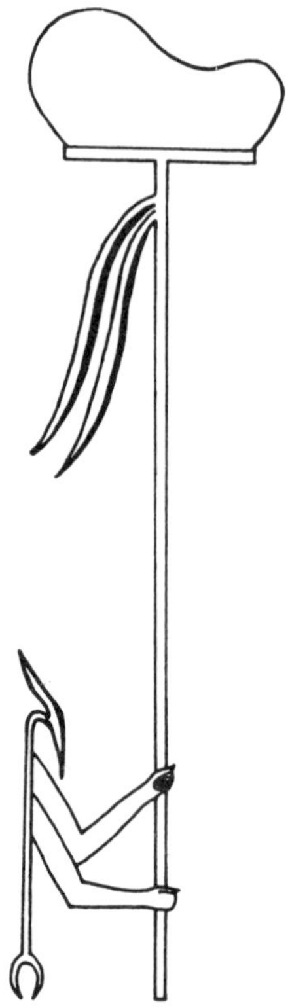

Standarte und Emblem des KHONSU*

Auf obigem Bild sieht man einen Aspekt von uns selbst,
ein Neter, KHONSHU,
und eine Bewegung des Selbst-Gewahrseins, die geübt werden muß.

Der kleine Stock zum Dattelpflücken, links,
der die Früchte vom Baum des Lebens herunterholt,
ist der Uas-Stab, Symbol für Süße und Seligkeit.
Er hält die Prozessions-Standarte im Fest des Lebens hoch
und trägt ein Bild der Plazenta,
der schützenden Hülle des Ungeborenen.
Die Entdeckung, daß wir noch ungeboren und daher geschützt sind,
ist ein wichtiges Ereignis auf dem Weg des Ungeborenen.
Morgen kann unser Geburtstag sein.

Sobald wir die Bekanntschaft der Neteru gemacht haben,
werden wir des Spiels ihrer Kräfte in uns gewahr,
ihres Schwenkens der Fahne, die wir sind.

* Bibl. 4, S. 141

Wie wir alle aus unseren ständigen inneren Dialogen wissen,
kommen Anregungen von verschiedenen Ebenen unserer selbst.
Da gibt es archaische Kräfte in uns aus unserer Tier-Vergangenheit,
jüngere Prinzipien sozialer Zusammenarbeit
und Archetypen der Zukunft, die uns nur selten,
in unseren empfänglichsten Augenblicken, besuchen.
Wir müssen lernen, sie klar voneinander zu unterscheiden
und nur mit jenen zusammenzuarbeiten, die wir wünschenswert finden.

Die Wirklichkeit der Neteru
steigt aus tiefen »unbewußten« Schichten auf
und wird als transpersonale Inspiration erfahren.
Aber in den mentalen Regionen des Menschen verdorren sie
zu vertrockneten abstrakten Formeln dogmatischer Klassifikation,
oder ziehen sich zurück
in die olympischen Höhen von Paradox und Widerspruch.
Die Neteru können für das Ichbewußtsein völlig verschwinden
unter dem sezierenden Messer des analytischen Verstandes.
Dennoch fahren sie fort, kraftvoll zu wirken
in unseren Träumen, unseren Meditationen,
unseren schöpferischen Bemühungen,
und werden beseligend aktiv, sobald wir uns
mit ihren ewigen Bewegungen von Schönheit und Wonne
in uns und allen Dingen identifizieren.

Hieroglyphen »Neteru« *

* Bibl. 10, CXVIII, Seite 19

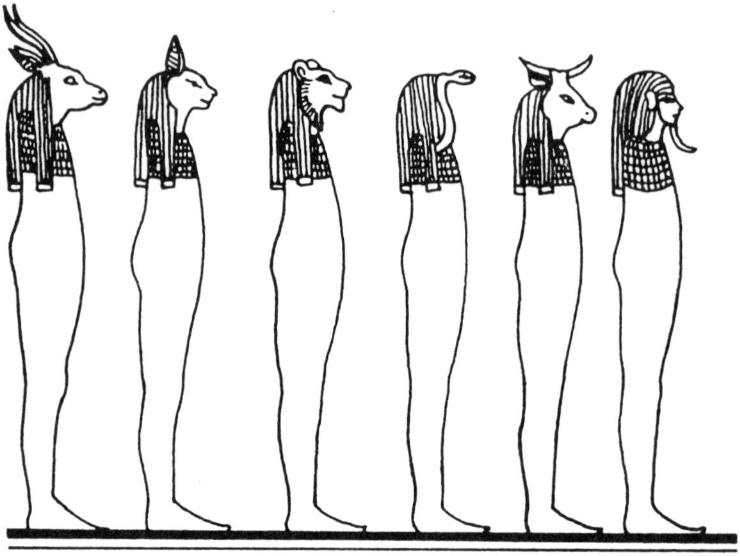

Details von einem der Schreine Tutanchamuns*

* Bibl. 29, Fig. 41

Die hier dargestellten Neteru sind alle armlos,
um zu verdeutlichen, daß sie nicht körperlich handeln.
Sie sind einfach nur gegenwärtig in unserem Gewahrsein.
Durch Beobachtung ihres subtilen Spiels
werden wir fähig zu erkennen,
daß sie keine unerbittlichen Mächte sind,
die einen höheren Rang haben als wir.
Sie sind die Begleiter und Spielgefährten des Pharao.
Deshalb sehen wir sie auf allen Bildern
auf gleicher Ebene mit dem Pharao stehen.
Sie begleiten ihn auch von Leben zu Leben.

Nur Abergläubische, Kleingläubige haben Angst vor den Neteru,
die anscheinend furchterregende Masken tragen.
Aber unter den Masken sind treue, spielerische Gefährten.
Daher muß man, um sich mit den Neteru anzufreunden,
als erstes die Angst vor ihnen verlieren.
Und wir werden sehen, was für dienstbare Verbündete oder Mitarbeiter
sie werden können.

ISIS
Aus dem Grab der Nofretari*

Lange haben wir mit einem unerforschten,
nicht kartographierten Unbewußten gelebt,
mit einem mächtigen Energiepotential,
auf dem Hintergrund des Selbst,
aber ohne psychologische Selbsterkenntnis.
Wenn wir versuchen wollten,
diesen Dunkelbereich zu ergründen,
wäre die erste Neter,
der wir begegnen könnten,
jene Mutter des Lebens, eine Göttin,
die die Ägypter ISIS nannten.

* Bibl. 13, S. 103

ISIS trägt einen leeren Sitz auf dem Kopf.
Das Bild ist ein Hinweis, sozusagen eine Einladung für uns,
zu realisieren, daß wir selber ein leerer Sitz sind:
Dieser hohe Sitz ist für den Planer in uns frei geblieben.

Der Welt-Alltag des einzelnen
engt jeden auf seine persönliche Lebensproblematik ein.
Aber in diesem ganzen psychischen Unruhefeld
erscheint auch von Zeit zu Zeit eine Idee
auf dem inneren Bildschirm unseres seelischen Computers:
Wie könnte es aussehen,
wenn alle einzelnen Elemente unseres Wesens zusammenarbeiten?
So etwas geschah schon einige Male in der Geschichte der Menschheit.

Das ganze Königreich unseres eigenen Wesens zu beherrschen
– die Ägypter nannten es Nb-un-n-f:
Herrscher des eigenen Seins –
ist nicht einfach.
Wir müssen mit ein paar bescheidenen Übungen beginnen.

Und der ägyptische Bilder-Weg versucht uns zu zeigen,
wo die Schlüssel dafür sind.

Eine der ersten Übungen ist,
die Grenze unserer eingeschienten Verhaltensweisen zu überschreiten.
Zu diesem Zweck erscheinen uns
– außerhalb der Vorstellungsnormen –
die Neteru mit Affengesichtern, Vogelgesichtern, Schlangengesichtern,
um uns zu lehren, über unsere menschliche Form
und unsere Begrenzungen hinauszugehen
und eine Wahrheit zu finden, die,
anstatt sich von allem scharf zu unterscheiden,
alles in sich einschließt.

Schritt für Schritt wird die anfängliche Konfusion in uns
zur feierlichen Prozession der Neteru.
Und wir werden verstehen, warum es eine Zeit gab,
in der die Wörter »Kosmos« und »Schönheit« das gleiche waren.
Nach der Eroberung unseres eigenen Hauses, unseres Königreiches,
wird diese Zeit wiederkommen.

Neter mit einem Lasso-Kopf
Aus dem Grab Ramses' VI.*

* Bibl. 28, II, Planche 82

Die Rolle der Neteru besteht,
wie sie in dem nebenstehenden Bild
und in den unten stehenden Hieroglyphen gezeigt wird,
darin, alle Schwingungen in uns einzufangen,
anzubinden, uns zu helfen, sie zu kontrollieren,
sie zu zähmen, und sie so zusammenarbeiten zu lassen,
um uns selbst aufzubauen und zu erschaffen
in individueller Resonanz mit der kosmischen Harmonie.

n ursprüngliche Vibration

ṯ einfangen, anbinden

r Selbst-Schöpfung, RE

Wie konnten unsere Vorfahren in den Goldenen Zeitaltern der Vergangenheit
die Neteru so klar sehen,
daß sie Bilder von ihnen machen konnten,
während wir sie heute nicht mehr sehen?
Wenn ein moderner Wissenschaftler behauptet,
ein Partikel, das in einer bloßen Nanosekunde
in die Existenz springt,
als Krakel auf dem Oszilloskop
oder einen Quasar in zwölf Milliarden Lichtjahren Entfernung
am äußersten Rande von Raum und Zeit »gesehen« zu haben,
so sind diese Entdeckungen Rückschlüsse,
die aus sehr komplizierten Berechnungen gezogen werden.
Es geschah unter gleich schwierigen Bedingungen
und war mit ähnlicher Vorbereitung
und einer selbst auferlegten geistigen Disziplin verknüpft,
daß unsere Vorfahren sich erwartungsvoll
durch ihr hochempfindliches monokulares Selbst-Gewahrsein
der Anwesenheit der ewigen Bewegungen
in sich selbst aussetzten,
bis sie die Neteru wahrnahmen,
mit ihnen in Beziehung traten
und Bilder von ihnen machen konnten.
Selbst-Gewahrsein wurde dadurch zum Selbst-Sehen.

Kann man die Neteru in uns einer genauen Prüfung unterziehen? Ja.

Sie sind die Entdeckung einer Wissenschaft,
die durch Hunderttausende von Jahren entwickelt wurde
und ein inniges Wissen von den Fähigkeiten
und Möglichkeiten des Menschen zeigt.
Wir nennen dies heute Psychologie.
Wenn wir uns selbst kennen, kennen wir die Neteru in uns,
die lebenden Prinzipien des Universums.

Ein kluger Grieche – HORAPOLLO* –,
der im 5. Jahrhundert in Ägypten geboren wurde
und eine Interpretation der Hieroglyphen schrieb,
nannte die ägyptischen Bilder »ainigmata«,**
in der Tat Rätsel für jene, die die falsche Frage stellen.
Solange wir uns selbst nicht kennen, ist alles ein Rätsel.
Diese Bilder wurden nicht der Menge gezeigt.
Im Säulengang des Tempels konnten nur riesige Statuen
des übermenschlichen Pharao erblickt werden.

Die richtige Frage für den, der das Allerheiligste betrat, war:
    Wer bin ich?***
und in diesem Augenblick wurden alle Bilder zu Antworten.

Nur der Pharao, der vollkommene Mensch,
nimmt den Platz der Neteru in sich selbst ein,
und er weiß die Antwort:
    »Ich trete ein als Neter,
    und ich komme heraus als Neter«.****
    Neter ist mein eigener Name.
    Ich will ihn nicht vergessen,
    diesen meinen Namen: Neter.

Hieroglyphen »Neteru«

* Bibl. 16, S. 11 u. 37

** *ainigmata:* Even Celsus nannte die heiligen Zeichen der Gottheiten (neteru) ainigmata. Vgl. auch Hornung, E.: Der Eine und die Vielen, Seite 128, Wissenschaftl. Buchges., Darmstadt.

*** Über dem Eingang des Apollotempels stand die Aufforderung gnothi *seauton,* d.h. *Erkenne dich selbst.* Dieser Spruch enstammt aber laut Plutarch dem Tempel zu Sais in Ägypten.

**** Bibl. 21, S. 87.

ISIS als Sirius.
Aus dem Grab des Senenmut*

* Bibl. 27, S. 130

Jeder Neter ist der größte

Diejenigen, die Ägyptologie studieren und versuchen,
die Neteru zu verstehen,
können nicht irgendein Klassifikationssystem auf sie anwenden.
Jeder Neter ist der größte, bis man sich dem nächsten zuwendet,
der auch der größte, der einzig zu verehrende ist.
Darin ähneln sie den Schülern,
die auf den Mathematiklehrer hören, der sie ermahnt,
alle ihre Zeit dem Studium der Mathematik zu widmen,
bis in der nächsten Stunde der Grammatiklehrer
ihnen von der ausschließlichen Wichtigkeit
der Grammatikregeln erzählt.
In gleicher Weise hängt die Wichtigkeit eines Neter
von demjenigen ab, was er gerade tut.

Wenn wir Getreide anbauen,
ist der Neter der Fruchtbarkeit der höchste von allen.
Wenn wir die Aufteilung der Felder vermessen,
sollte SESHET das andere Ende der Meßschnur halten.
Wenn wir schreiben, sollte THOT,
der Herr der Hieroglyphen, auf unserer Schulter sitzen.
Wenn wir kämpfen, sollte der Neter der Furcht
seine Hände über unser erschrockenes Herz halten,
um es zu beruhigen.
Wenn wir schlafen, kann kein anderer Neter hilfreicher sein als KHONSU.
Und wenn wir unseren gegenwärtigen Körper verlassen,
ist keine Seelenkraft nützlicher als ANUBIS.

Das vorangestellte Bild zeigt ISIS als Sirius,
uns selbst in einer unserer vielen Rollen und Verkleidungen.
Als Reisender durch die Zeit in unserem Seelenschiff,
in der linken Hand das Ankh-Symbol des ewigen Lebens haltend
und den Lotosstab, das Symbol der Wiedergeburt,
erheben wir die beschützende rechte Hand
zu dem mütterlichen Gefäß unserer Schätze,
aus dessen Innerem die Feder der MAAT, unserer Wahrheit,
und die Fühler der vibrierenden Welten herauswachsen,
während das goldene unveränderliche Selbst der Ganzheit darüber schwebt.

Welch ein Füllhorn an Übungen in einem einzigen Bild!

Jeder Neter, jede Übung ist wirklich die größte.

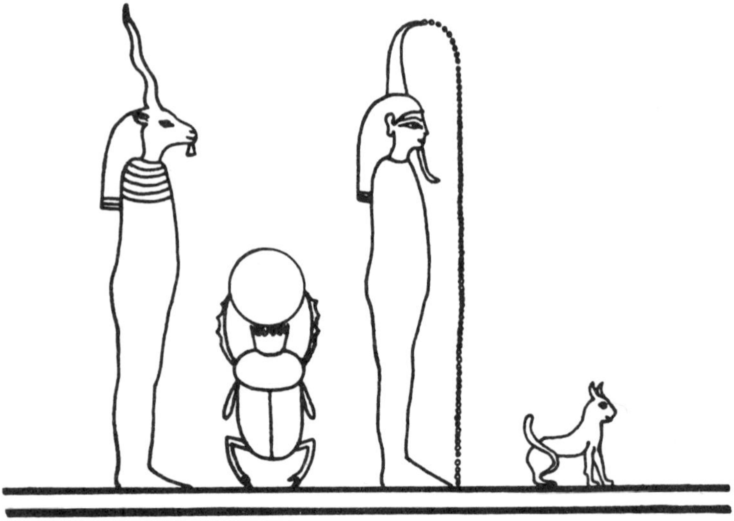

Details aus dem Grab Sethos' I.*

* Bibl. 21, S. 112

Von Goldenem Zeitalter zu Goldenem Zeitalter

Wie das Licht von Stern zu Stern reist,
reisen die Neteru von Goldenem Zeitalter zu Goldenem Zeitalter
als unsere ewigen Begleiter.
Verborgen in Märchen, im Ursprung der Sprachen,
in der Mathematik und in der Quantentheorie,
erinnern sie uns immer wieder, woher wir kommen,
wer wir sind und wohin wir gehen.

Mögen sie uns auch heute den Weg zeigen.

Im nebenstehenden Bild erkennen wir von rechts nach links:
die Katze – die Jagdlust in uns auf der Suche nach einer Wahrheit,
die sie ergreifen kann,
die Lampe – um uns selber eine Lampe zu sein,
den Mistkäfer – das Herausheben des Sonnenbewußtseins aus dem Mist,
das Einhorn in uns – der Versuch, durch die sieben Schleier
zur Einheit der Dinge durchzustoßen.

Mit diesen Bewegungen können wir gleich jetzt beginnen.

Aus dem Grab Ramses' VI.*
(Dort wird dieser Neter
»Das geheimnisvolle Eine«
genannt.)

* Anmerkung 14 – Bibl. 28, I, Fig. 112

Selbst-Kommunikation

Das namenlose Wesen, das hier dargestellt ist,
sollen wir allein als lehrende Hilfe für unsere Selbsterkenntnis verstehen.
Es ist jene besondere psychische Kraft in uns,
die die verschiedenen Tendenzen oder Aspekte
unserer Psyche zusammenhält.
Diese Kraft offenbart sich nur,
wenn alle diese Komponenten sich in einer gemeinsamen Bewegung
der Selbst-Sammlung wie im Erheben der Arme zeigen.
An ihrem linken Arm symbolisiert sich unsere vitale Kraft
in Form eines Schlangenkörpers mit aufgerichtetem Menschenkopf,
die Arme in Verehrung erhoben zum Seelenvogel
als Symbol des Geistes der Freiheit, der auf ihrer Hand sitzt.

Der Vogel ist gekrönt mit einem Widderkopf,
bereit, die unsichtbaren Tore zu seiner Befreiung aufzustoßen.

Auf der linken Fußspitze richtet sich als Symbol
unseres physischen Körper der Tiergott SOBEK
in der Gestalt des Krokodils, dem Verschlinger, in uns auf.
Er erhebt sich auf dem Schwanz der Lebensenergie,
dem Symbol der Zeugungskraft,
aber nur bis zu ihren Knien.
Er weist so auf die wachsenden Perspektiven der Menschen
und künftiger Generationen hin.

Zu ihrer Rechten steigen die mentalen, chthonischen Kräfte empor
und gipfeln in der gleichen verehrenden Haltung
wie auf der linken Seite.
Aber hier richtet sich die Verehrung an einen Sonnenkreis,
den sie in ihrer Hand hält,
einem Spiegel gleich mit unserem wahren Bild,
unserem Programm der Vollkommenheit.

Links unten ist eine kleinere, früher entwickelte mentale Kraft,
unser Instinkt, der nun als Stufe für die andere,
bewußtere Kraft dient, damit sie den Gipfel erreichen kann.

Wie wir auf den folgenden Seiten sehen werden,
bedeutet »Schlange«: sich aufrichten,
sich über alle Begrenzungen erheben,
über alle Hürden gleiten,
sich durch alle Tore hindurchschlängeln
in einer ewigen Bewegung der Aspiration,
des Sich-Empor-Sehnens.

Das Bild als Ganzes lädt uns ein,
uns mit den Kräften der Sehnsucht,
die in verschiedenen Schichten unserer selbst vorgegeben sind,
zu identifizieren, und gleichsam aufzusteigen in den Armen jener,
die ein beschützendes Wesen oder eine ursprüngliche Eva zu sein scheint,
die mit sich selbst im Paradies spielt,
die sich aber schließlich als koordinierende Kraft
unseres eigenen höheren Selbst-Gewahrseins enthüllt:
ein ewiger Freund, ein Neter.

Sag es mit der Schlange

Schlangen finden sich überall im alten Ägypten,
sogar in den Kronen der Könige und zwischen den Sternen.
Aber genauso wie die »Pferdestärken« unserer Autos
nicht von wirklichen Pferden stammen,
sondern ein Symbol der Kraft und Energie sind,
stellen die vielfältigen Bilder von Schlangen
besondere Seinsweisen der Neteru dar,
psychologische Wellen oder Rhythmen,
die regelmäßig steigen und fallen,
wie Schlaf und Wachen, Geburt und Tod.

Alle Neteru,
sogar ATUM, der unmanifestierte Gott,
konnten in Gestalt einer Schlange erscheinen:
eine ewige Welle.

Aus dem Grab Ramses' VI.*

* Bibl. 28, I, Fig. 57

Das Leben entrollt sich
als eine einzige unendliche Welle von Energie,
die sich durch die geologischen Zeitalter schlängelt;
jede kleine Lebenswelle begleitet von ihrem Stern –
ihrer Transzendenz, ihrer leuchtenden Wohnstatt –
zu dem sie sich rhythmisch erhebt,
um wieder geboren zu werden.
Der Höhepunkt einer jeden Kurve ist der Stern.
Der Übergang von Stern zu Stern
geht durch die Keimdrüsen,
dem untersten Chakra in uns.

Das größere Wesen am Ende der Reihe
ist der schweigende Zeuge,
der Geist (Purusha) in uns,
jener, der unsterblich und ungeboren und dennoch immer gegenwärtig,
wenn wir voraus schauen:
das wahre Bild des Menschen.

Aus dem Grab Ramses' VI.*

* Bibl. 54/28, II, Plate 52 u. 19, S. 260

Aus dem Papyrus des Hunefer*

* Bibl. 35, S. 80

Die Dynamik unseres menschlichen Lebens hat ihren Anfang nicht in der menschlichen Geburt
und wird nicht mit der Auflösung der menschlichen Form enden.
Sie begann vor Jahrmilliarden zu träumen
und sich selbst zu reproduzieren.
Sie wird sich wellenförmig weiterbewegen
in den kommenden Megajahren,
bis die Schlange einen vollen Kreis in sich selbst ausführt
und HORUS krönt.

Für die Ägypter war jede Bewegung in der Zeit eine Schlangenwelle
und jede Bewegung in der Ewigkeit ein Kreis
oder eine Schlange, die sich in den Schwanz beißt.

Es gab keine psychologische Bewegung,
die eine Schlange nicht symbolisieren konnte.
Als die Königin Maatkare (Prinzessin Hatschepsut) der XVIII. Dynastie
an den Statthalter einer Provinz schrieb:
»Mein Uräus speit Feuer«,
sprach sie nicht in einer zoologischen,
sondern in einer psychologischen Sprache,
um sowohl ihren königlichen Zorn und ihr Mißfallen auszudrücken,
als auch zu betonen,
daß es nur ein Teil ihres Wesens war,
der in dieser Form reagierte.

Indem es unzählige Formen annimmt, suggeriert das Schlängeln

Kraft

Schutz

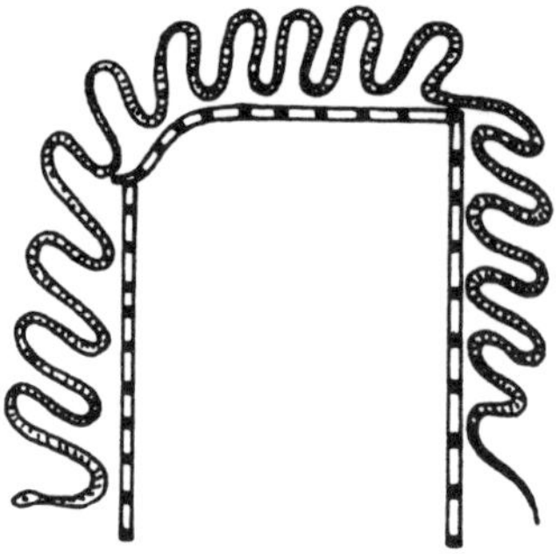

endlose Wiederholung.

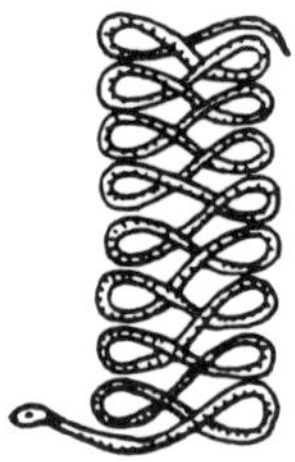

Die mittlere Schlangendarstellung entstammt dem Grab Ramses' VI., die beiden anderen dem Grab Sethos' I.*

* Bibl. 28, I, Fig. 60; 21, 143; 28, I, Fig. 38

Die Schlangenbilder können uns eine Menge lehren, besonders, wie man die Furcht besiegt und sich aufrichtet.

Die Schlange wird

ein Boot, ein Haus,

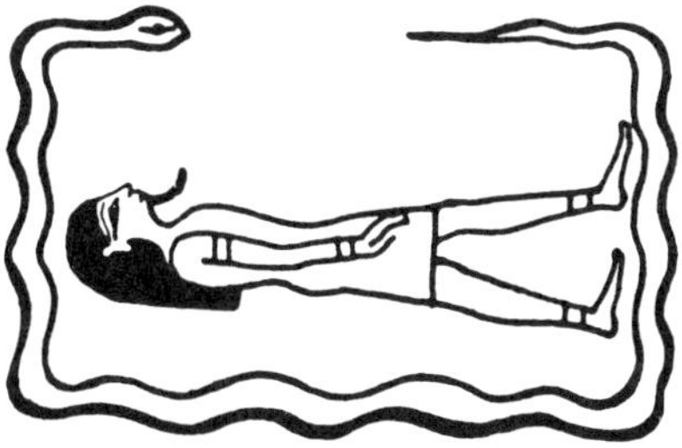

ein Stock (wie der Stab des Moses oder des Heilgottes Asklepius)

oder ein menschliches Wesen.

Aus dem Grab Sethos' I.*

Obere Darstellung aus dem Grab Ramses' VI., untere aus dem Grab Sethos' I.**

* Bibl. 12, Planche 114–6
** Bibl. 28, I, Fig. 15; 21, 143

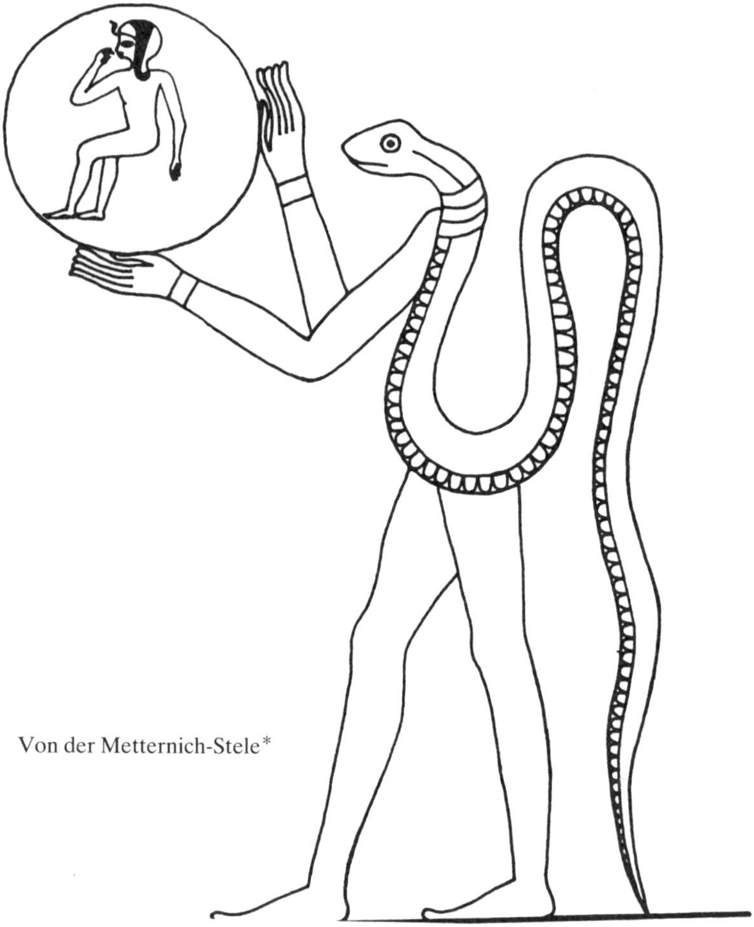

Von der Metternich-Stele*

* Anmerkung 14 – Bibl. 3, S. 15

Das Kind der Schlange

Millionen von Menschen sterben an Moskitostichen,
während die Gefahr, von einer Schlange getötet zu werden,
vergleichsweise geringfügig ist.
Dennoch fürchtet sich niemand besonders vor Moskitos,
aber die Menschen haben Angst vor Schlangen.
Viele unserer Ängste beruhen auf Einbildung.
Diese Ängste loszuwerden,
war der Anfang wahrer Erziehung
auch eines Königskindes in Ägypten.
Das gilt auch für einen Raumfahrer des 20. Jahrhunderts,
ebenso für einen Reisenden zur anderen Seite unseres Lebens,
die Unwissende Tod nennen.
Denn hinter unseren ablehnenden Reaktionen
auf die Symbol-Schlangen und -Krokodile
steht unsere Angst vor dem Tod.

Ewiges Leben gibt es nur für die furchtlose Seele.
Solange wir Angst haben vor der Schlange
im Baum des Lebens,
sind die Äpfel der Unsterblichkeit nicht für uns.

Ein ägyptisches Königskind hatte seine Angst besiegt.
Tatsächlich waren es die Schlange,
das Krokodil, der Schakal und das Nilpferd,
die es zuerst als seine Freunde
und dann als Teil seiner selbst erkannte
und die ihm ihre Geheimnisse lehrten.

So wurde das Königskind wie eine Schlange,
die weiß, wie man seine alte Haut abstreift.

Und sehen wir, wie stolz die Schlange
auf das Königskind ist!
Sie hebt es hoch empor,
das ewige Kind in uns,
über alle Ängste hinaus
in den höchsten Stand des spirituellen Selbst-Gewahrseins
unser zentrales, ewiges Sein.

Die Erforschung des Unendlichen in uns
Aus dem Grab Sethos' I.*

* Anmerkung 15 – Bibl. 9/I, 251

Die Schlange zeigt uns auch,
wie wir uns endlos ausdehnen können.
Es ist eine Erfahrung,
die Mystikern aller Länder und aller Zeiten gemeinsam ist,
daß kaum je ein Mensch
die Grenzen seines eigenen Wesens erreicht,
weder im Raum (symbolisiert durch die Schwingen)
noch in der Zeit (symbolisiert durch den Körper der Schlange).

Unser Wesen, das ausgesät wurde
in unzählige Jahrtausende und überall
in die unermeßlichen Weiten des Raumes,
ist geeint in jenem Kreis der Vollkommenheit
über dem Haupt des Sehers,
der seinen Ursprung und sein höchstes Ziel
in einer einzigen Bewegung umfaßt.

Aus dem Grab von Inherkhau*

Zu sein und gleichzeitig nicht zu sein

Um die Bedeutung dieses Bildes zu verstehen,
müssen wir uns mit unbewußtem Wissen konfrontieren,
denn es kommt aus der Zeit vor der Trennung der Einheit zu uns,
in der nicht war,
was wir heute Gegensätze nennen.
Was wir hier sehen, ist unter dem Aspekt der christlichen Mythologie:
Adam und der Baum des Lebens,
als die Schlange und der Baum noch eins waren.

Die Schlange ist immer ein Symbol für Kraft und Energie.
Aus ihr wächst hier der Baum des Lebens
– gleich einem vom Bogen abgeschossenen Pfeil.
Diese Bewegung haben wir schon in jenem Schlangenbild beobachtet,
in dem die Geburt des Menschen dargestellt ist,
immer wieder erneut in die Manifestation tretend.

* Anmerkung 16 – Bibl. 11, S. 157

Das Tier mit dem Schwert ist zusammengesetzt:
Es hat den Körper einer Katze,
den Kopf eines Löwen und die Ohren eines Hasen.
Die beiden großen Hasenohren
erinnern den Menschen an seine Dualität.

Im alten Ägypten verkörperte der Hase
die Hieroglyphe »sein«
und konnte ebenso »nicht sein« heißen.
Mit der Begrenzung, an einem gewissen Datum geboren zu sein,
trennen wir uns von unserem wahren Ursprung,
wir schneiden den Kopf unserer Lebensenergie-Schlange ab.
Wir begehen Selbstmord.

Die alten Ägypter dagegen sahen das universale Leben
als ein Haus von Schönheit und Harmonie an,
in dem jedes Eingreifen nur zur Katastrophe führen konnte.

Im Bild unten sehen wir eine andere Darstellung
der Schlangenenergie,
die den Baum des Lebens aus sich herauswachsen läßt
und mit ihm in die Unendlichkeit gleitet.

Der moderne Mensch scheint sich,
wie das Hasen-Katzen-Löwen-Wesen,
frei zu fühlen, das Haus der Harmonie in Stücke zu schneiden,
aber was auch immer er in Stücke schneidet,
ist er selbst.

Dies ist die ägyptische Version der Erbsünde –
es ist eine Sünde
gegen den Geist der Einheit in uns (den »Heiligen Geist«).
Und wer könnte uns vergeben,
wenn wir das Leben selbst vergiften?

Aus dem Tempel der Iunit nach einer Zeichnung von V. Denon*

* Bibl. 12, Planche 114–10

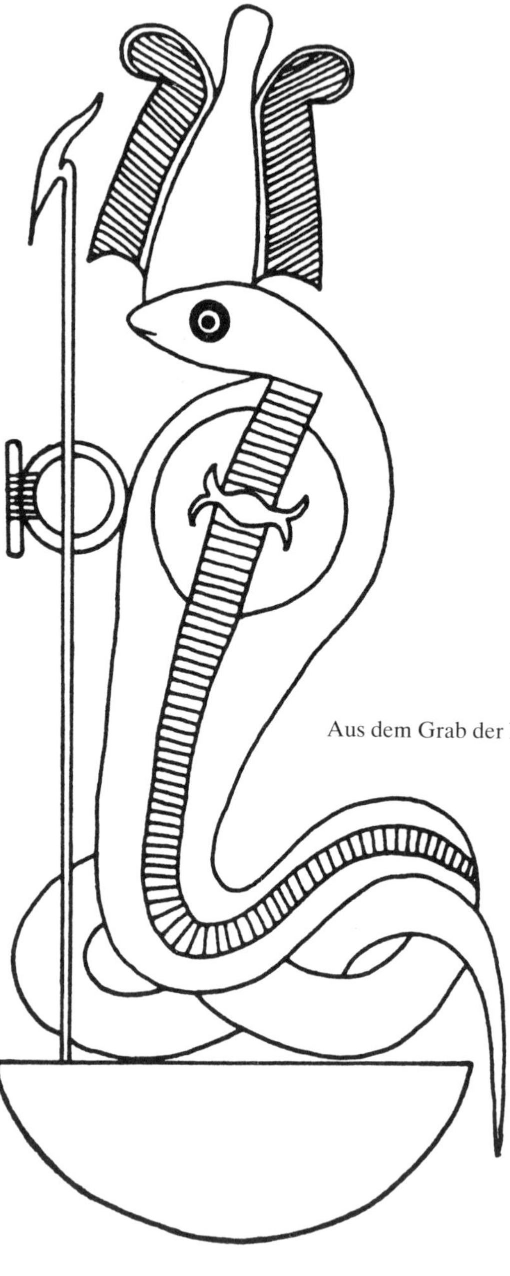

Aus dem Grab der Nofretari*

* Bibl. 3, S. 306

Die Aufsteigende

Dieses Bild mag dem modernen Menschen seltsam erscheinen,
aber es ist das Kronjuwel der Lehrbilder,
die uns von unseren Vorfahren hinterlassen wurden.
Es kommt aus weit zurückliegender Zeit,
aber tatsächlich ist es lebendig und aktiv
in unserem Unbewußten
und auch in der Doppelhelix in jeder unserer Zellen.
Die zusammengerollte Schlange,
die von den Ägyptern »die Aufsteigende«
und von den Griechen»Uräus« genannt
und von den Pharaonen als ihr Kronjuwel getragen wurde,
ist der Archetyp der Seelenkraft an sich.

Die Uräus ist eine fundamentale Bewegung des Bewußtseins:
die Kraft jeden Wesens, sich immer wieder zu erheben,
oder mit anderen Worten,
es ist die Kraft der Auferstehung.

Der Korb, auf dem die Schlange sitzt,
enthält alles, was wir gesammelt haben aus unzähligen Leben:
die vergangenen Aufstiege der »Aufsteigenden«.
Aber wie das Gedächtnis in unseren Zellen,
sind sie nicht für unser Bewußtsein verfügbar.
Sie gehören zu der Aufsteigenden in uns,
und nur, wenn wir uns mit ihr erheben,
öffnet sich der Zugang zu diesen Erinnerungen.

Zusammen mit der Bewegung des Aufsteigens
symbolisiert die silberweiße Krone
auf dem Kopf der Schlange Erleuchtung,
das Wissen, das jedesmal das unsere wird,
wenn wir aufsteigen,
jedesmal, wenn wir die Leiter zu den inneren Himmeln hinaufklettern,
die den Leib der Aufsteigenden schmückt.
Dann werden wir fähig sein, das zu sehen,
was die Aufsteigende sieht

Im Zentrum unseres Wesens lenkt das Symbol von NEITH,
– der doppelte Bogen und die doppelt projizierende Kraft –,
der Neter der Furcht,
unsere Aufmerksamkeit auf unser Herz.
Denn wenn NEITH ihre Hand
auf unser voller Furcht zitterndes Herz legt,
wird es unser Sonnenherz:
der Sitz unseres ewigen Wesens.

Wir realisieren dabei auch die beiden magischen Zeichen,
die mit der Bewegung des Aufsteigens verbunden sind:
den Ring der ewigen Wiederkehr
und den UAS, den Stab unserer Steinzeit-Vorfahren,
der in unserem Gedächtniskorb wurzelt
und in den Himmel reicht,
um die Früchte seiner Bäume,
des Baums des Lebens und des Baums der Erkenntnis,
herabzuholen und ihre Süße in unser tägliches Leben zu bringen.

Denken wir daran, daß das Bild eine Übung ist.
Verehren wir es als die letzte visuelle Hilfe in die Bildlosigkeit,
und führen wir die Bewegung des Aufsteigens aus,
zu der es uns einlädt.

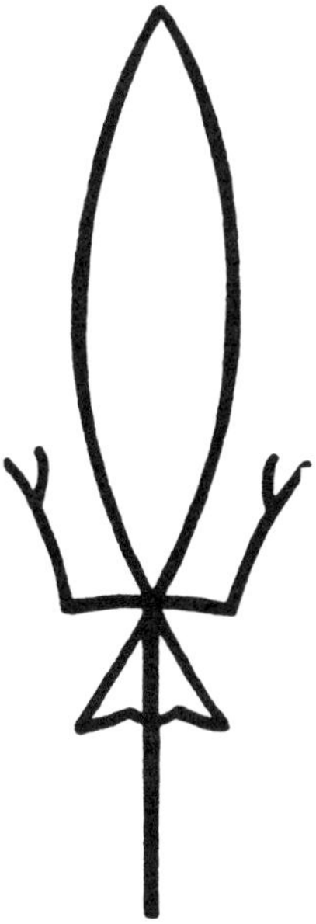

Hieroglyphe*
»Osten« oder »Orient«, »Aufsteigen« oder »Wiedergeburt«

* Bibl. 15, S. 8

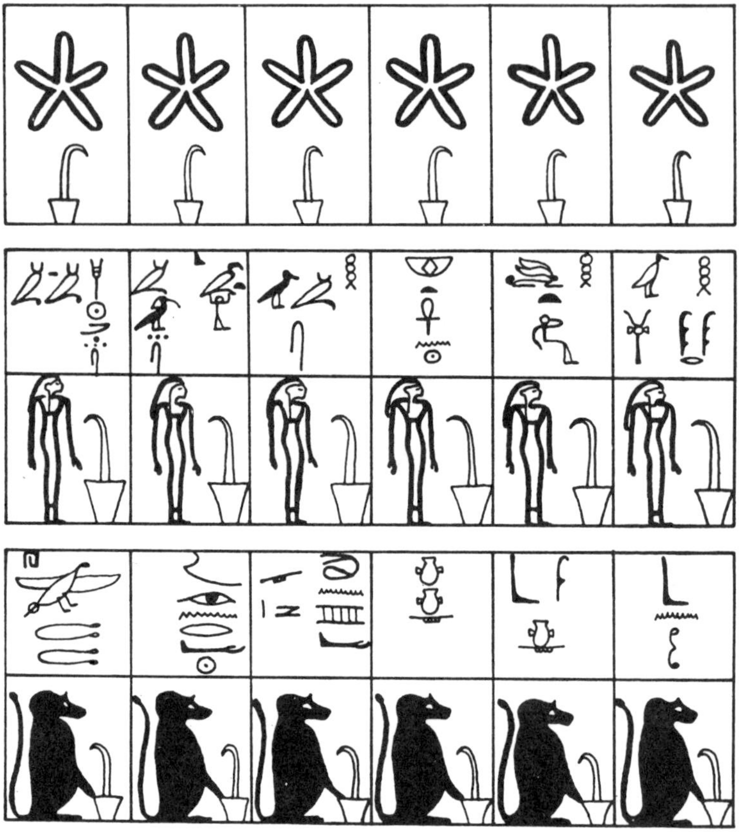

Aus dem Grab Thutmosis' III.*

* Bibl. 7, Planche XIV

Die 741

In diesem glücklichen polytheistischen Universum der Ägypter
gibt es 741 verschiedene bekannte Prinzipien oder Neteru –
wie in der Vorkammer des Grabes von Thutmosis dem Dritten
aufgeführt –,
um uns über uns selbst zu belehren.
Nur wenn wir alle ihre Namen, Funktionen und Beziehungen kennen,
und wenn wir unterscheiden können, wie jedes
sich auf verschiedenen Ebenen manifestiert,
wo es einen tierischen, einen menschlichen
oder einen übermenschlichen Aspekt annehmen kann,
können wir uns selbst in all unserem Reichtum
und unserer Weite erkennen.

Die Anzahl der Bewegungen des Selbst-Gewahrseins oder der
Neteru,
die wir in uns selbst kennen,
weil wir sie erfahren und verwirklicht haben,
und die uns fortan von Geburt zu Geburt
als Freunde begleiten,
zeigen den Grad unseres spirituellen Wachstums an.

Der Liste der 741 folgt die Versicherung,
daß wir, sobald wir alle diese verschiedenen Grundbewegungen
in uns selbst kennen,
identisch werden mit RE,
dem strahlenden, alles enthaltenden Bewußtsein.

Wie viele Neteru begleiten uns in unseren Schlaf?
Unsere Vorfahren übten ihre Wahrnehmung der Neteru,
indem sie ihr BA zählten,
was wir heute »Schafe zählen« nennen würden.
(Es ist eine interessante Tatsache,
daß BA zwei Bedeutungen hat:
es symbolisiert gleichzeitig den Seelenvogel und das Schaf).

Genießen wir die schlaflosen Augenblicke unserer Nächte,
indem wir unsere ewigen Bewegungen des Bewußtseins überprüfen,
mit denen wir uns identifizieren können.
Und wenn wir bei 741 ankommen
und alle ihre Aspekte oder Bewegungen
in einer einzigen höchsten Schwingung geeint haben,
werden wir RE,
die vibrierende Bogensehne,
das Wort, der Logos,
der sich selbst erschafft.

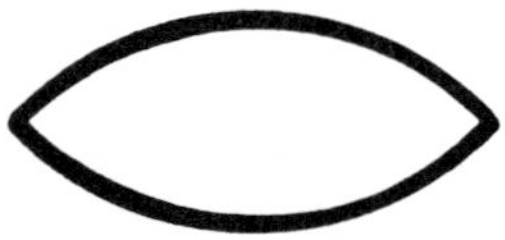

III Vom freien Fall zum freien Flug

Wie können wir unsere Flügel gebrauchen?

Hieroglyphe für »Flügel« und »fliegen«*
(Vgl. dazu die fallende und schwebende Figur auf S. 87)**

* Bibl. 16, S. 474 – 5
** Bibl. 16, S. 445 – 29+28

1. **Freude, der Weg**

Der Weg des HORUS hat nichts mit Askese zu tun.
Das Wort Askese kommt vom griechischen Wortstamm »askesis«,
was eigentlich Übung heißt.
Asketische Haltung aber entartete oft zu Übungen
von extremer Härte und Selbstquälerei.
So wurde sie zu der Lehre,
daß wir durch Abtötung des Fleisches und durch Selbstverleugnung
uns Schmerzen zufügen,
um Freiheit und spirituelle Selbsterkenntnis erlangen zu können.

Der Weg des HORUS geht den sonnenbeschienenen Pfad der
Erleuchtung.
Er geht aus von einem immer weiter werdenden Selbst-Gewahrsein
und wird ein immer höherer Flug,
der alle Hindernisse übersteigt.

Die einzige Voraussetzung ist, daß wir bereit sind,
unsere Schwere und Beschränktheit,
die uns am Fliegen hindern, aufzugeben.

Alle Stationen auf dem Weg des HORUS sind Feste.
Freude ist der Weg und das höchste Ziel.

Aus dem Grab Ramses' I.*

Die Sonne tanzt,
der Mond tanzt,
die Sterne tanzen,
die Neteru tanzen.

* Bibl. 21, Cover

Komm, tanze mit dem Universum

Der Sucher nach Wahrheit, der hier dargestellt ist,
befindet sich in Begleitung seiner beiden Schutzengel,
ANUBIS vor und HORUS hinter ihm,
sein Unbewußtes und sein Bewußtes,
die ihm zeigen, wie man tanzend
sein Selbst-Gewahrsein übt.

Seine linke Hand ist zum Herzraum erhoben (anahatachakra)
und deutet auf die Schätze des Herzens,
seine rechte Hand hoch erhoben,
seine HORUS-Seite
ist bereit zum rechten Handeln –
was immer auch sein mag,
es kann nur spielender Triumph sein –
eine Bewegung zur vollen Freiheit.

Wenn die Übung zum heiligen und freudvollen Tanz wird,
erreicht sie Vollkommenheit.

Dieses Bild im Grab Ramses' des Ersten
zeigt den jugendlichen Pharao,
der sich jubelnd aus dem Grab erhebt.
Er hat es tausendmal gelernt und geübt.
Und die Botschaft bleibt auch nach Jahrtausenden die gleiche.

Körpersprache war das erste Kommunikationssystem,
das vom Menschen entwickelt wurde.
Hier sind wir zu dem Befreiungstanz eingeladen,
dem triumphierenden Wieder-Auferstehen als RE
für diejenigen, die sich selbst erkannt haben.

Sei nicht länger vom Tod besessen.
Sei vom Leben besessen.
Sei das Leben und tanze!

* Vom Tempel Sethos' I.*

Hieroglyphen per-ao »Pharao«**

2. **Der Pharao, unsere heile Persönlichkeit**

Bevor wir auf dem Weg des HORUS beginnen können,
müssen wir ein Bild,
ein Modell der zu erreichenden Vollkommenheit haben.

* Bibl. 34, S. 71 ** Bibl. 15, S. 89

Die Ägypter waren verschwenderisch mit Bildern.
Welches wir auch wählen – am Ende des Weges vereinigen sich alle,
jedes »findet seine Ruhe im anderen«.

Aber das uns am nächsten stehende Bild,
ein ständig lehrendes Paradigma des ägyptischen Bilder-Weges
ist der Pharao.
Es ist nicht ein historischer Pharao,
der an einem bestimmten Datum geboren wurde,
sondern der wahre Pharao,
der, und darauf weisen die Hieroglyphen immer wieder hin,
RE ist, jeden Morgen neu geboren und immer derselbe.

Die Sonne ist sein Symbol, und der Pharao ist ihr Symbol,
Symbol psychologischer Vollkommenheit und Erfüllung,
Symbol des wahren Menschen,
des Menschen, der jeder von uns sein kann,
wenn er seine Aufgabe, seinen Ursprung und seine
Bestimmung gefunden hat.

»Per-ao« (Pharao) heißt »großes Haus«,
das Haus der Schönheit, der Kosmos.
Bewußt in der Weite des Universums zu leben,
macht uns zum Pharao.
Dazu müssen wir zuerst unsere einengenden »Eierschalen« ablegen
und das große Haus, per-ao, unser Königreich, betreten,
unseres eigenen Selbst bewußt werden,
vom Uroborus-Symbol über die Erinnerung an die gesamte Evolution
bis zum Sonnenkrone-Symbol – und darüber hinaus.

Wir müssen uns erinnern,
daß wir ein Kind des allumschließenden Selbst-Gewahrseins sind
und daß es unsere Sendung ist, diese Gesamtheit darzustellen.
In Wirklichkeit ist es der Pharao, der übt.
Mit dieser Möglichkeit können wir
einige der psychologischen Übungen versuchen,
die diese Bilder des inneren Weges uns zeigen.

Eine Hymne lautet:
Wende dich an den König, der in deinem Körper ist.
Weil er ist, siehst du.
Er erleuchtet beide Länder (das innere und das äußere)
heller als die Sonne.
Mehr als der Nil läßt er das Grün sprießen.
Er erfüllt alles mit Leben.*

* Bibl. 38, S. 210

Aus dem Grab eines Hohenpriesters in Memphis*

* Bibl. 4, S. 97

3. Grundelemente

Der Lehrer

Der Fisch ist ein Lehrer, der die Tiefe lehrt.
Er ist Bewohner im Wasser des Lebens.
Aus seinem Mund steigt ein Lotos empor.

Wie der Lotos dazu bestimmt ist,
sich über die Gewässer zu erheben,
so ist alles wahre Lehren dazu bestimmt,
uns zu helfen,
aus unserer natürlichen Umgebung und Begrenzung,
aus den Seinsebenen, in die wir hineingeboren sind,
aufzutauchen.

Eine einfache mentale Übung ist besonders wirksam,
die Aspiration zu erwecken.
Wenn die Übung von einem Meister konzipiert
und mit einem Symbol verbunden wird,
führt sie geradewegs zur echten Erfahrung.

Werden wir dieser Fisch,
der einen sublimen Lotos wachsen läßt.

HORUS, ein Symbol all unserer vereinten Seelenkräfte.
Aus dem Grab von Pashedu*

Imaginieren als Methode

Die Fähigkeit der Imagination
ist eine unserer hervorragendsten Seelenkräfte.
Der erste Schritt der Schöpfung oder Transformation
war das Formen eines Bildes durch Imagination.
Bevor etwas ist,
muß es ein Bild davon geben.
Projektion und Involution,
Strukturierung des Kraftfeldes,
bewirken die Evolution in Raum und Zeit.
Der Pharao kannte sein Bildnis
und handelte in Übereinstimmung mit ihm.
Imagination ist niemals eine Begrenzung,
sondern ständige Einladung,
über alle Grenzen hinauszuwachsen.

* Bibl. 11, S. 163

Wenn wir mit Hilfe der Imagination
uns über die Bewußtseinsgrenzen erheben,
die Tier, Mensch und Gott, Leben und Tod, Raum und Zeit,
Vergangenheit, Gegenwart und Zukunft voneinander trennen,
betreten wir die Bilderwelt des alten Ägypten.
Hier herrschte nicht der analytische Verstand,
sondern ein Sonnen-Mental, ein Kind des RE,
das alles so sah, wie die Sonne es heut noch sieht:
als Ganzheit.

In dieser inneren Welt ist alles möglich.
Entsprechend unserer Aspiration können wir alles werden:
ein Falke, ein Pavian, ein Baum, ein Stern . . .
ein Mensch mit einem Tierkopf,
ein Tier mit einem Menschenkopf,
eine Schlange mit drei Köpfen und vier menschlichen Beinen . . .
oder wir können wie HATHOR die Mutter unseres Vaters
und die Tochter unseres Sohnes sein.
Jedes Bild stellt eine psychologische Kraft dar,
nicht ein Ding, sondern eine Bewegung,
eine Übung des Selbst-Gewahrseins,
und kann sich mit einem oder mehreren anderen
in endlosen Variationen verbinden.
In dieser spirituellen Freiheit
gibt es keine logischen, physischen
oder kosmischen Abhängigkeiten oder Tabus.
Es mag Begrenzungen und Widerstände in der Zeit geben,
aber in der Ewigkeit ist die Sehnsucht
des wahren Imaginators allmächtig.

In unserer Imagination können wir immer frei sein,
vorausgesetzt, daß wir diese göttliche Gabe
der Selbst-Erschaffung üben.
Dazu müssen wir lernen,
über die derzeitigen vorübergehenden Begrenzungen
des Menschseins hinauszugehen.
Und dazu werden wir von allen Bildern des inneren Weges
eindringlich aufgerufen.

Schau auf den Vogel und fliege!
Selbst wenn wir es nur für ein paar Sekunden tun,
was macht es!
Wir waren auf dem Weg des HORUS:
dem göttlichen Weg.

Aus dem Grab Ramses' VI.*

* Bibl. 28, II, Planche 83

Zu nebenstehendem Bild:

Die beiden geflügelten Schlangen der Macht
stellen die dynamische Gesamtheit unserer selbst
und des Universums dar,
ineinander verschlungen, sich vereinend,
um unser Selbst-Gewahrsein zu formen.

Ausdehnungsübung

Die menschliche Natur ist vielschichtig, reich und schön.
Keine andere Übung könnte nützlicher sein
für unsere Selbsterkenntnis
als eine systematische Erweiterung unseres Selbst-Gewahrseins,
bis die gesamte Weite und Schönheit
sich offenbart als Teil von uns selbst.

Aus dem Grab Ramses' VI.*

* Bibl. 28, I, Fig. 108

Der Ruf

Eine mächtige Bewegung im Menschen ist der Wille,
die Sehnsucht (Aspiration),
seine Grenzen zu überschreiten.

Als Macht bewirkte diese psychische Energie
bei Kohlenstoffringen, daß sie anfingen,
sich selbst zu reproduzieren.
Sie erschien ebenso in einzelligen Wesen
als Macht der Vereinigung.
Oder in Fischen als Macht, an Land zu kriechen;
oder im Urmenschen als Macht,
das Feuer zu zähmen, Werkzeuge zu erfinden,
und heute als Macht, die Schwerkraft zu überwinden
und auf den Mond zu fliegen.
Vielleicht sollten wir öfter und bewußter in Begleitung
dieser evolutionären Macht leben,
die wir als Aspiration (Sehnsucht)
erfahren:
unser KA.
Wenn dieser Neter ruft, antworten ihm die anderen,
sagt ein ägyptischer Text.
Die Sehnsucht ist unbesiegbar unter einer Voraussetzung:
daß sie geübt wird.
Noch immer gibt es Amöben in jedem Wassertropfen.
Wir aber sind die Amöbe, die geübt hat.
Werden wir der Mensch sein, der zu den Sternen reist?

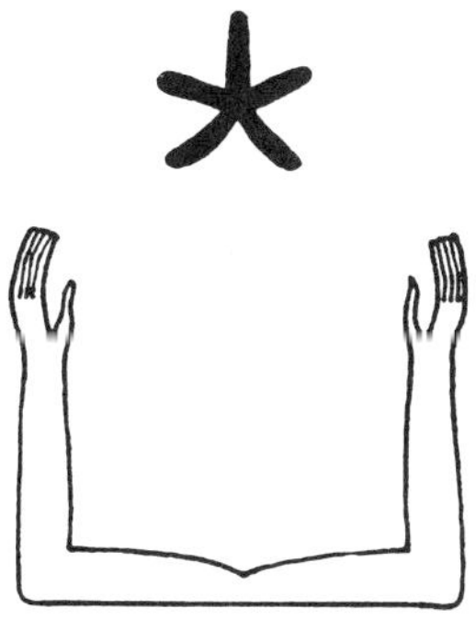

Hieroglyphen »Stern« und »Aspiration«

Von einem ägyptischen Sarg*

* Anmerkung 17 – Bibl. 30, I, Fig. 32

Das Emporheben des inneren Raumes

Spirituell gesprochen leben wir wie in einer Muschel.
Um zu wachsen, brauchen wir mehr und mehr Raum,
und dazu müssen wir die Decke unserer Kindheit
hoch über uns emporheben
in einer unaufhörlichen Bewegung der Ausdehnung.

NUT, der Himmel, besteht aus Sternen, Symbol unserer Ahnen,
die auf Erden gelebt haben
und immer noch in uns lebendig sind.
Nur wenn wir uns unaufhörlich bemühen,
weiter zu werden in unserem Selbst-Gewahrsein,
können wir sie in den Himmel emporheben.

Wir müssen aufstehen
und die Göttin NUT (Himmel) hochheben,
indem wir ihre Lippen berühren,
– Symbol der verbalen Übermittlung alter Traditionen,
sowie ihre Vulva,
– Symbol der genetischen Übermittlung vergangener Lebensformen,
um sie in die Weite der Zukunft zu tragen.

GEB, das irdische Prinzip in uns,
berührt unsere Knie – Symbole der Zeugungskraft –
und die Hände und Füße seiner Spielgefährtin NUT,
um eine Erde-Himmel-Einheit zu schaffen,
während wir einen Schwanz tragen.
So werden wir symbolisch an unseren dreifachen Ursprung erinnert:
den Himmel, die Erde und das Tier in uns.

Laß die psychische Himmelsdecke nicht wieder herabfallen.
Siehe, wie weit
die kosmische Muschel geworden ist.
Laß diese psychische Schale wachsen,
damit sie sich den Milliarden Lichtjahren anpaßt,
in welche sich das materielle Universum ausgedehnt hat.
Jeder Atemzug sollte das Gewahrsein des Selbst bringen,
das sich immer höher erhebt und sich immer weiter ausdehnt.
Erlaube keinem, Grenzen zu setzen!

Aus dem Grab Ramses' VI.*

* Bibl. 28, I, Fig. 54

Die Kunst des Netzauswerfens

Das individuelle Wurfnetz des prähistorischen Fischers*
muß in einer einzigen Bewegung so geworfen werden,
daß das Netz, das zusammengefaltet auf der Schulter lag,
kreisförmig aufflog,
um den Fischschwarm zu bedecken,
bevor er entfliehen konnte.
Dieses Werfen des Netzes ist seit alten Zeiten
das Symbol für eine wichtige psychische Übung gewesen:
die Erweiterung unserer Sinneswahrnehmung.

Wir groß ist normalerweise der Kreis unserer Wahrnehmung?
Können wir eine Landschaft ansehen,
ohne uns in Einzelheiten zu verlieren,
und wirklich uns an der Weite erfreuen?

* In Frankreich noch immer l'épervier (der Falke: HORUS) genannt.

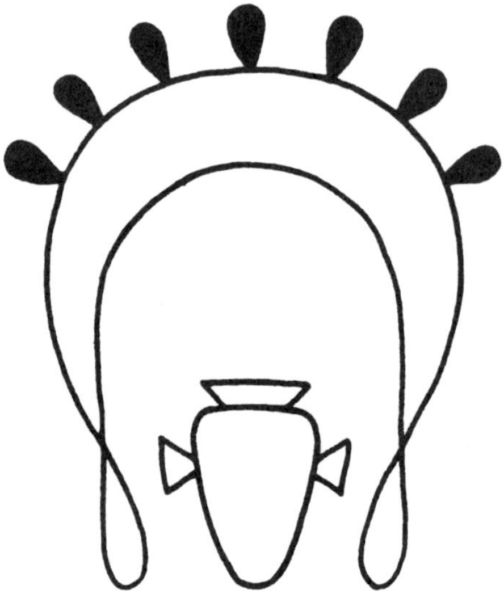

Hieroglyphe »Freude«*

* Anmerkung 18 – Bibl. 10, S. 3

Wenn wir üben, das Netz unserer Wahrnehmungen auszuwerfen,
werden wir entdecken,
warum die Kombination der Hieroglyphen »Herz« und »Netz«,
die das Weitmachen des Herzens symbolisiert,
»Freude« bedeutet.

Es gibt zwei verschiedene Wege, alt zu werden.
Der eine ist Schrumpfung, Begrenzung der Interessen,
ein Sich-Verschließen vor neuen Entdeckungen,
eine endgültige Rückwendung in die eigene Haut.
Der andere ist Öffnung, aufwärts und hinaus
in einen sich weitenden Horizont,
eine dauerhafte Fähigkeit, neue Abenteuer,
neue Wahrnehmungen aufzunehmen.

Werfen wir unser Fischernetz immer weiter aus,
bis es das ganze Universum umschließt.
Das ist der Weg des HORUS.

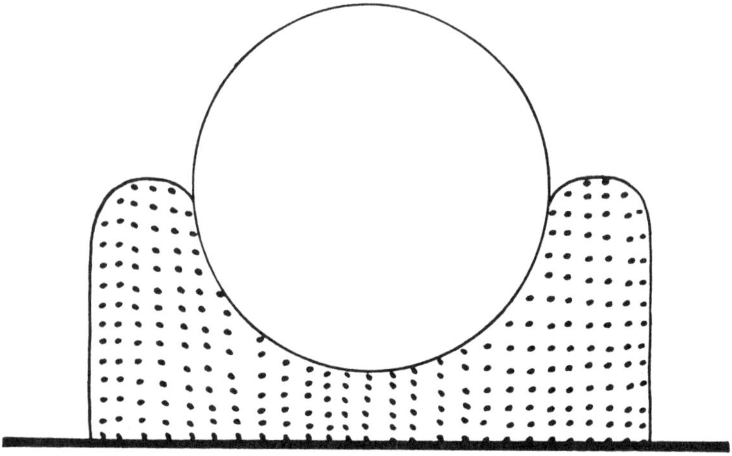

Hieroglyphe »Horizont«*

* Bibl. 16, S. 489–27

Sich des Horizonts erfreuen

Der Horizont ist der Erweiterer des Selbst-Gewahrseins.
Der Horizont ist ein Neter.
Die Ägypter nannten ihn HORUS HARACHTE,
und es reichte aus, den Herrn des Horizonts anzurufen,
damit die Erweiterung stattfand.

Unser Wort »Horizont« kommt von HORUS (geschrieben hr).
Natürlich sprechen die alten Ägypter nicht von geographischen,
sondern von psychischen Horizonten.

Der Horizont ist dort,
wo psycho-dynamische Transformation stattfindet, die Geburt,
wenn die innere Sonne des Selbst-Gewahrseins
in der materiellen Welt aufgeht,
der Tod, der Sonnenuntergang, wenn die Augen sich schließen
und Sterne zu leuchten beginnen.

In diesem Augenblick werden wir eins
mit unserem Selbst, HORUS.
Dies ist der Augenblick, in dem wir alles in uns verlieren,
was nicht unser höheres Selbst-Gewahrsein,
HORUS ist. Dort am Horizont verschwinden alle unsere Begrenzungen.
Alle Wege führen zum Horizont,
dem »Ort der Erhebung«,
und wir betreten unser Seelenschiff:
die »Barke Jahrmillionen«.

HORUS HARACHTE ist der, »der sich des Horizonts erfreut«,
ist auch ACH, der Phönix, der Feuervogel.
So ist der Horizont auch der Ort,
wo unsere Existenz als Feuer,
als Vibration beginnt.
Hier am Horizont können wir unsere Tierhaut ablegen,
wie es im Kapitel »Von Geburt zu Geburt« erklärt wurde,
und beginnen, in unserem Schwingungskörper,
unserem solaren Selbst-Gewahrsein zu leben.
Derjenige, der lernt, sich des Horizonts zu erfreuen,
macht mehr als eine Erweiterungsübung:
der ganze HORUS-Weg öffnet sich ihm.
Er kann an einem Strand, auf einem Berggipfel
oder in der Vorstellung anfangen,
aber der Weg wird ihn, durch viele spirituelle Abenteuer,
zu seinem ewigen Körper der Vibration,
der Freiheit und der Seligkeit führen.

Aus dem Greenfield-Papyrus*

* Anmerkungen 19, 20 – Bibl. 30, I, Fig. 37

DIE KUNST DES GLEICHGEWICHTS

Was ein Affe uns lehren kann

Vergessen wir das Jüngste Gericht.
Das Wiegen, das hier gezeigt wird (siehe Bild),
vollzieht sich in uns selbst.
Etwas in uns erhält nicht nur unser chemisches und hormonelles
Gleichgewicht aufrecht,
sondern versucht auch, das sensible psychische Gleichgewicht,
das durch die Schwere des Herzens ins Wanken geraten könnte,
im Gleichgewicht zu halten.

Auf nebenstehendem Bild sitzt THOT (hier als Pavian),
unser Lehrer aus uralten Zeiten,
oben auf der Waage,
bereit, einzugreifen und uns zu helfen.

Die Macht, die die Wolfsmaske trägt,
ist unser höheres Selbst in seiner Rolle als evolutionäre Kraft,
das immer dazu beiträgt, die Waage im Gleichgewicht zu halten.
Der Neter der Wahrheit erscheint als das schwerelose Eichmaß
für unser Herz
und als die doppelte Wahrheit,
die stets die Feder, die ihre Leichtigkeit betont,
das Ankh-Symbol des ewigen Lebens
und das Lotos-Szepter der Wiedergeburt trägt.

Die Waage stellt eine psychologische Übung dar,
die in jedem Augenblick des Tages durchgeführt werden sollte:
das Aufwiegen unseres Herzens gegen die Feder der Wahrheit,
indem wir die umgestaltende Kraft anrufen,
uns zu helfen, alles abzuwerfen, was zu unserer Schwere beiträgt,
und uns frei aufschweben zu lassen.

Der Schüler der Wahrheit hat einen leichten Geist
und ein unbeschwertes Herz.

Gib jedem Tag eine seelische Leichtigkeit
und ein reines Sehnen nach den Höhen unseres Seins,
eine neue Geburt in eine neue Schwerelosigkeit.

Die Feder der Wahrheit*

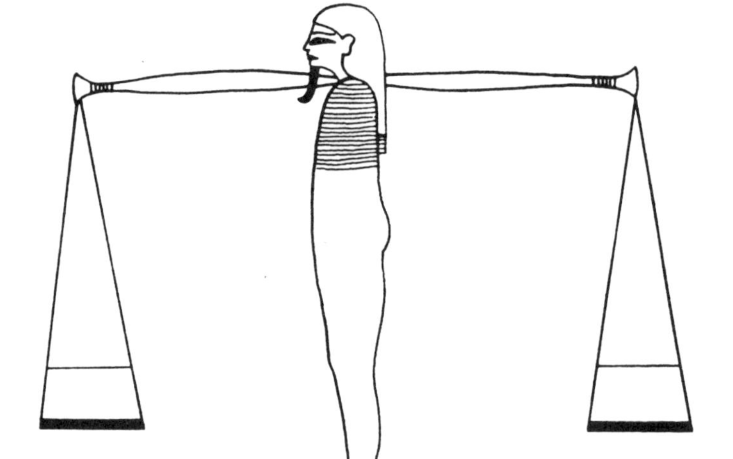

Aus dem Grab Ramses' VI.**

* Bibl. 16, S. 474–6
** Bibl. 28, I, Fig. 45

In den Tausenden von Bildern psychologischen Wägens,
die in Tempeln, Gräbern und auf Papyri
hinterlassen worden sind,
gibt es nicht eine,
die sich zu einer Seite neigt.
Die Waagbalken sind stets auf gleicher Höhe.

Das ist so, weil in Wirklichkeit die Schwere illusorisch ist.
Nichts, niemand ist jemals auf den Waagschalen –
nur unser Herz und seine Wahrheit.
Am Ende des Weges werden wir selbst zur Waage:
als individuelle Kraft des Gleichmuts,
Teil des kosmischen Gleichgewichts.
Und damit hat die Waage eine wichtige therapeutische Funktion erfüllt.

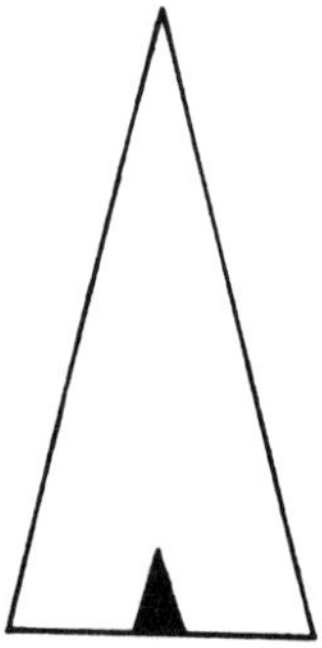

Hieroglyphe »geben«*

* Bibl. 16, S. 217

Das Geheimnis hinter Nehmen und Geben

Das Zeichen, das den Namen des Pharao stets begleitet,
wird übersetzt mit »Leben geben«.
Die nebenstehende Hieroglyphe für »geben«
erscheint in Bildkompositionen immer wiederkehrend
und zeigt, wie wichtig sie ist.
Die Übersetzung »geben« mag die bestmögliche
in unserer modernen Sprache sein,
aber um der Tiefe seiner Bedeutung gerecht zu werden,
müssen wir hinter die Laute gehen
und die besondere Art des Gebens erkennen,
die durch das Gleichnis der Waagschalen symbolisiert wird.

Alles, was auf die unsichtbare Waage gelegt wird,
geschieht, um das Universum im Gleichgewicht zu halten.
Das Geben und Nehmen ist sich des Ganzen bewußt
und stets bedacht auf die Wiederherstellung
oder Erhaltung seines Gleichgewichts.

Mit diesem Verständnis wollen wir uns dem nächsten Lehrbild nähern.

Aus dem Grab Ramses' IX.*

Alte Lampen für neue

Es liegt ein tiefes Geheimnis im Opfer.
Jedesmal, wenn wir etwas den höheren Seinsebenen in uns übergeben,
wird uns etwas Größeres, Weiteres,
Höheres, Tieferes dafür zurückgegeben.

Der König muß seine ererbte Konzeption
von der Ordnung des Universums,
über die er hinausgewachsen ist, hingeben,
um eine größere zu erhalten,
in die er nun hineinwachsen kann.

* Anmerkung 21 – Bibl. 21, S. 97

Dies ist das höchste aller möglichen Opfer:
das Opfer der notwendigerweise naiven, aber
geliebten Glaubensvorstellungen,
unserer Auffassung von Ordnung,
unserer Vorurteile hinsichtlich dessen,
was Wahrheit ist.

In einem religiösen Kontext sollten wir erwarten,
daß der Pharao die Wahrheit von Gott erhält.
Aber genau das Gegenteil geschieht.
Das erscheint uns unlogisch,
aber die Steinzeitlogik ist anders:
Was wir herbeiwünschen, geben wir.
So wie wir es selbst heute noch in unzähligen Votivgaben finden.

Unsere kleine MAAT, unsere Wahrheit, ist vielleicht krank.
Sie ist zu eng geworden,
sie hindert unser Wachstum.
Geben wir sie hin.
Es ist schwer,
alles, was wir in der Vergangenheit gelernt haben,
zu vergessen.
Aber wie widersprüchlich in sich selbst ist es geworden!
Es ist Zeit, in eine größere Wahrheit hineinzuwachsen,
eine neue Wahrheit,
in der sich alle scheinbar gegensätzlichen Pole vereinen.
Die größere Wahrheit wartet schon an unserer Tür,
um eingelassen zu werden,
tausendmal schöner als die Spinnweben aus der Vergangenheit,
die wir immer noch beherbergen.
Die Wahrheit ist eine Feder,
und jedes Jahr mausert der Seelenvogel,
um neue Federn zu ermöglichen.
Federn machen leicht, flugfähig.
Eine Wahrheit, die uns am Fliegen hindert,
ist keine Wahrheit mehr.

Eines Tages, wenn wir
alle unsere begrenzten Wahrheiten hingegeben haben
an das Leersein von allen Formeln und Formulierungen,
werden wir eintreten
in das ewige und totale: »Ich bin die Wahrheit«,
das uns für immer von allen imaginären Ketten befreien wird.
Denn wir selbst sind die schöne Feder aus Licht,
die all die Bilder an die Wände der dunklen Höhle malte,
die wir Wirklichkeit nannten.

HORUS und der Pharao vom Tempel des KHONSU in Karnak*

* Bibl. 34, S. 277

4. **Das Spielfeld**

Mit HORUS als Gefährten
betreten wir nun das Spielfeld:
das Universum.

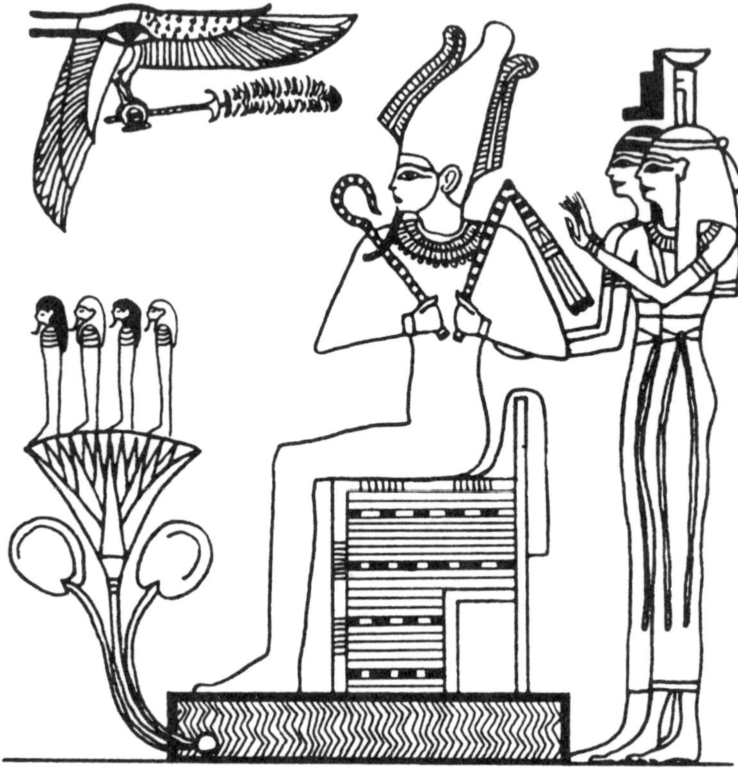

Aus dem Papyrus des Hunefer*

Das OSIRIS-Prinzip

OSIRIS ist ein psychologisches Lehrprinzip,
in Büchern über Ägypten gewöhnlich dargestellt
als eine religiöse Geschichte oder ein Mythos,
der seine wahre Funktion verbirgt, anstatt sie zu enthüllen.

OSIRIS ist kein Gott oder ein überpersönliches Wesen.
Er ist bezeichnenderweise das Paradox, das der Mensch ist:
Wir selbst sind OSIRIS.

* Anmerkung 22 – Bibl. 35, S. 83

Sein Name bedeutet »kranke Iris« oder »verstümmeltes Auge«
– eine Krankeit oder Schwäche,
die typisch für den Menschen ist,
der die ganze Welt ansieht,
aber nirgends sich selbst findet.
Denn das, was er sieht, ist in tausend kleine Stücke zerschnitten:
zum Beispiel eine linke Großhirnhälfte, eine rechte Großhirnhälfte,
ein Hypothalamus, ein Kleinhirn,
ein Verdauungssystem, überschwemmt von Hormonen,
bestimmt von Trieben und psychisch geängstigt von Phobien.
Ist das OSIRIS?

Die Bilder des inneren Weges zeigen nicht nur die Diagnose,
sondern auch die Therapie.
Die Heilung des Auges ist eine andere Bildgeschichte (vgl. S. 143).
Aber sie führt zu der Entdeckung,
daß wir nicht nur unsere Einheit wiederherstellen können,
wie OSIRIS einst mit der Hilfe von THOT,
sondern, daß wir auch aus der geteilten Welt aufwachen können
in unser unverletzbares, unwandelbares Selbst:
zu OSIRIS in der Ewigkeit.
Immer, wenn wir aus dem Bewußtsein der Zeit
in das Bewußtsein der Ewigkeit eintreten
und umgekehrt, treffen wir OSIRIS, unser ewiges Selbst.
Unser vergängliches Wesen und unser zeitloses Wesen
treffen zusammen und erfreuen sich.
Und sie wissen, wie sie sich zu begrüßen haben.

Die ungesprochenen Worte des Menschen, des Pharao, sind:
»O OSIRIS, auch ich bin OSIRIS in der Ewigkeit.«*
OSIRIS, an den Menschen, den Pharao, gewendet, spricht:
»O OSIRIS, du Gerechtfertigter . . .«,
weil OSIRIS wir selbst und ein Teil unseres wahren Namens sind.
Wenn unser zeitliches und unser ewiges Wesen sich trennen,
sehnt sich jedes nach dem Teil seiner selbst:
dem anderen.

Im Bild wird OSIRIS auf dem ewigen Thron sitzend dargestellt,
der verwurzelt ist in der uranfänglichen Vibration der Welt,
dem Wellenfeld, das alles gebiert.
Aber bevor wir uns bewußt über unauslotbaren Tiefen
niederlassen können,
müssen wir uns einer Menge psychischer Übungen unterziehen
und viele unserer erworbenen Behinderungen heilen.

* Bibl. 30, S. 82

Von einem der Schreine Tutanchamuns*

Heilende Schönheit

Haben wir jemals das Universum berührt, geschmeckt, gerochen?
Hier ist sie, die Kuh des Überflusses und der Wirklichkeit,
die große Himmelskuh.

* Anmerkung 23 – Bibl. 29, Fig. 46

Die Gefühle, die ihr Bild in den alten Ägyptern hervorrief,
waren »Schönheit, Schönheit, Schönheit«,
so wie sie es über ihr Gesicht geschrieben haben.
Sie sahen das Universum nicht als eine abstrakte Allheit
oder als Zusammengehörigkeit,
sondern als Beispiel mütterlicher Güte und Schönheit.

Nur wenn wir in Resonanz mit der Schönheit sind,
können wir sie erfahren.
So ist Schönheit stets wechselseitig,
eine gegenseitige Spiegelung.

Deshalb muß man lernen, Schönheit zu ertragen,
indem man sich ihrer überwältigenden Wirkung aussetzt,
eine wichtige Heilübung.
Die griechischen Ägyptenreisenden brachten das Wort »Kosmos« mit,
welches untrennbar von Schönheit ist.
Heute gebrauchen wir das Wort nicht mehr in seinem Doppelsinn.
Die Verehrung für die große Muttergöttin
in ihrer Schönheit als heilige Kuh ging verloren
und die Milch kauft man heute im Supermarkt.
Dabei vergißt man das Universum:
Die Kuh und ihre Schönheit.

Der Philosoph Immanuel Kant nannte den folgenden Satz
den schönsten in der griechischen Sprache:

»Ich bin alles, was geboren wurde und sein wird,
und kein Sterblicher hat meinen Schleier gelüftet.«*

Das verschleierte Bildnis stand im Tempel der NEITH in Ägypten.
Stellen Sie sich den Schock des griechischen Reisenden vor,
als er, die schönen Gesichter griechischer Göttinnen gewohnt,
den Schleier anhob und sich
Angesicht zu Angesicht mit einer Kuh fand!
Die Geschichte berichtet, daß er tot umfiel.

Sei ohne Angst!
Wenn du den Schleier lüftest,
wirst du gut vorbereitet sein
und nicht mehr dem Tod gehören.
Du wirst gelernt haben, mit dem Wort zu leben:
Ich bin alles, was geboren wird und sein wird –
Schönheit, Schönheit, Schönheit.

* Bibl. 9, I, S.460

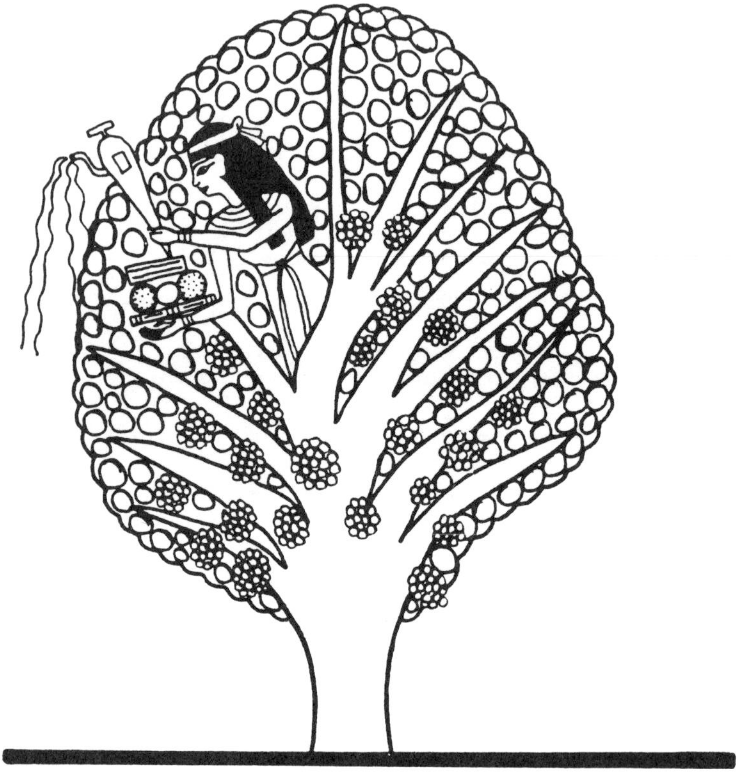

Aus dem Grab der Paneshi*

* Bibl. 21, S. 96

*Der zärtliche Baum**

Der Baum ist ein Lehrbild, so alt wie die Menschheit –
ein Ort der Zuflucht, der seine mütterlichen Arme ausstreckt,
seine Kinder mit saftigen Früchten labt,
sie vor Regen und Sturm schützt
und ihnen Kühle und Schatten bietet.
Für die Ägypter war das Wort »Baum« gleichbedeutend
mit sanft, gütig und erquickend.
Aber der Baum ist auch ein Lehrer,
indem er die »Baumheit« unserer Seele hervorruft,
die »Zweig-heit« aller Dinge.

Das Universum ist ein Baum,
das Leben ist ein Baum,
Wissen ist ein Baum,
das Königreich ist ein Baum,
Seligkeit ist ein Baum . . .
»Denn ihr habt fünf Bäume im Paradies«,
sagt das Thomasevangelium (gefunden in Ägypten),
und »wer die kennen wird, wird den Tod nicht kosten« (Logion 19)

Der Buddha ermahnte seine Mönche:
»Hier sind Bäume, hier setzt euch nieder, hier meditiert.«

Die heiligen Bäume des Zeus in Dodona,
die Bäume der Druiden,
sie alle sprechen mit der Stimme der Götter.
Und unsere Wörter Druide, trauen, treu, Trost
kommen von der Wurzel »tree« (Baum).

Wir sprechen immer noch von einem »Stammbaum«.
Aber wenn wir uns von einem Baum darüber belehren lassen,
wie groß in Wirklichkeit unsere Familie ist,
wird unser Selbst-Gewahrsein
wie ein Baum und wahr sein.

* Bibl. 21, S. 95

Vom Tempel von Dendera*

* Bibl. 22, S. 80

Vom Wunder der Spiegelung
zur gesamten Resonanz von allem in allem

Die feierliche Übergabe eines Spiegels durch den König
(dem Sucher der Selbsterkenntnis)
an die Gottheit
ist in vielen Tempeln zu finden.
Unsere erste Bewegung des Sich-Wiedererkennens in einem Spiegel,
das »Ja, das bin ich, das ist mein körperliches Abbild«,
muß dem ewigen Teil in uns übergeben werden.
Das große Wesen antwortet:

»Ich nehme die Freude deiner ersten Selbstwahrnehmung
in meinem Körper auf.
Ich gebe dir im Austausch für meinen Spiegel
die Freude des Ganzen.
Sei ein Spiegel für RE,
und RE, die Ganzheit,
wird dein Spiegel sein.«

Der Text endet:
»Auf dem Balkon der Epiphanie
erleuchtet der König
als Repräsentant der vollkommen gespiegelten Ganzheit,
die Straßen, die in die Nacht führen.«*

* Bibl. 22, S. 262, 257, 258, 259

Von einem der Schreine Tutanchamuns*

* Anmerkung 24 – Bibl. 29, Fig. 35

Der Pseudokönig

Hier ist ein anderes machtvolles Lehrsymbol,
das zur Selbsterkenntnis führt.
Der Sonnenesel mit den beiden Messern
ist unser urteilender Intellekt, unsere analytische Denkfähigkeit,
die »Entweder-Oder«-Logik,
die in unserer Zeit ihre unbestrittene Autorität erreicht hat
im sogenannten wissenschaftlichen Denken
und in der triumphierenden Schöpfung
des endgültigen Teilers, der Atombombe.

Die Griechen nannten ihn Diabolos:
den Zweiteiler, den Entzweischneider.
Er ist der Teil in uns, der sich selbst stets sehr ernst nimmt,
besonders, wenn er den falschen König spielt.
Er betrachtet Dinge oder Probleme,
und sofort zerlegt und analysiert er sie.
So hat er Materie und Denkwesen,
Gott und Mensch,
Geist und Natur, Körper und Seele,
Geburt und Tod, das Eine und die Vielen getrennt.

Aber dieser ewige Rebell kann gezähmt werden.
Wir können unseren Esel reiten wie Jesus hinauf nach Jerusalem
und ihm zeigen, wie er ein Werkzeug
bei der Eroberung unseres Königreiches werden kann,
nicht, wie er meinte, als dessen König,
aber als ein treuer Diener.
Von seinem Meister geritten,
wird er wieder spielerisch und erkennt,
daß es Ebenen der Wahrnehmung gibt,
die höher sind als seine eigenen.

Aus dem Papyrus des Khonsu-mes*

* Bibl. 30, II, Papyrus 17

Lotoskraft

Wenn man im alten Ägypten ein psychologisches Problem
oder einen inneren Konflikt hatte,
wurde einem ein Bild gezeigt, ein »cartoon«.
Hier finden wir unseren Freund, den Esel, wieder,
diesmal sorgfältig gefesselt, um ihn am Unfug zu hindern.
Aber unter ihm verborgen sind drei andere Messerhelden,
seine Komplizen, die unserem inneren Frieden
gefährlich werden können.

Der letzte auf der rechten Seite sieht zurück.
Das ist der Teil in uns, der in der Vergangenheit lebt.
Für ihn gibt es keine Zukunft
und folglich keine Hoffnung:
nur Verzweiflung.

Der vermummte Bursche neben ihm ist der Dualist,
wie seine beiden großen Ohren anzeigen –
ein Aspekt des Esels, der uns schon vertraut ist.
Für ihn ist alles entweder richtig oder falsch,
lebendig oder tot, innen oder außen.

Der vorderste auf diesem Bild hat einen Mäusekopf.
Das ist der Teil in uns,
der alle Schwierigkeiten
aus der Mäuseperspektive ansieht –
drauf und dran, sich in ein Loch zu verkriechen.
Alle drei zusammen veranschaulichen
verschiedene Formen
gefährlicher Abtrennung vom Ganzen.

Aber polar dazu nähert sich von links jemand ohne eine Waffe!
Alles, was er hat, ist ein Lotos.
Jener zu werden, ist unser einziger Schutz,
das, was ewig in uns ist,
unser innerstes Wesen, unsere Quintessenz,
die letztlich immer siegreich sein wird,
unser Evolutionsprogramm,
unser Glaube an die endgültige Göttlichkeit des Menschen,
der alle vorübergehenden Hindernisse überwindet –
die heilende Kraft einer erwachten Seele.

Zeichnung Hand

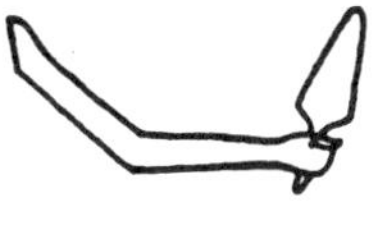

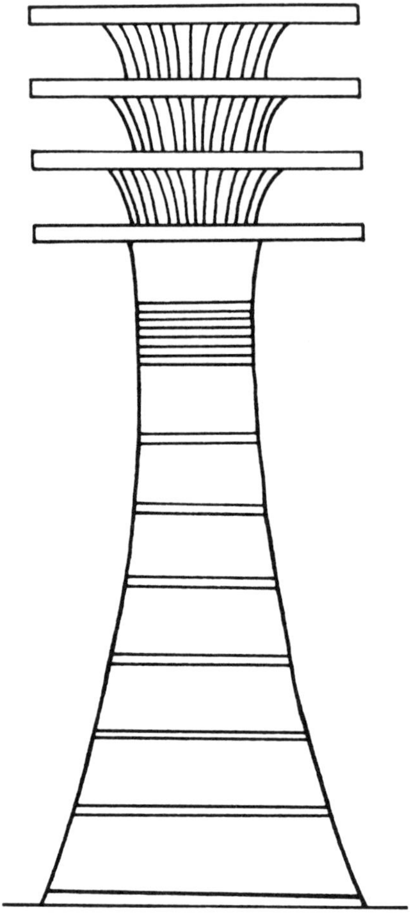

Aus dem Grab der Nofretari*

* Bibl. 21, S. 63

Aufbau des inneren Wesens

Verlegenheit bereitet den modernen Erklärern
die überall anzutreffende Djed-Säule
in den ägyptischen Bildern und Texten.
Überall ist in den ägyptischen Bildern und Hieroglyphentexten
die Djed-Säule anzutreffen.
Sie stand in tiefem Zusammenhang mit dem Mythos.
Ihr Zusammenbinden und Aufrichten
ist die fundamentale Bewegung der ägyptischen Psychosynthese
für den Aufbau der Persönlichkeit.
Die Säule sind wir selbst.

Um diese Symbolik zu verstehen, muß man wissen,
daß Ägypten ein Land ohne Bäume oder Wälder war,
aber es gab reichlich Sumpfgräser und Rohr.
Zum Häuserbau mußten die Ägypter etwas erfinden
und sich auf etwas stützen,
was wir heute Faser-Technologie nennen würden:
Säulen, Wände und Dächer
wurden aus zusammengebundenem Ried und Rohr gemacht.
Die Hieroglyphe für Schilf ist auch das Wort für »ich«.
Und nun kommen wir zur psychologischen Bedeutung der Djed-Säule.

Hieroglyphe »Schicksal«*

Hieroglyphe »Bestimmung«*

So stellten die Ägypter das »Schicksal« dar
ein kleines Küken,
das einen Korb voll Schilfrohr ansieht.
Wie ein Schilfrohr im Wind der Ereignisse
ist die kurze Wahrnehmung für das Ich –
und dann vergangen –
von einer anderen Schilfrohr-Wahrnehmung ersetzt.

* Bibl. 15, S. 261

Im Gegensatz dazu steht das transpersonale Bewußtsein,
das dieselben Winde dazu benutzt,
sich zu seiner Bestimmung tragen zu lassen.
Indem es sein Djed
mit seinem eigenen Schilfrohr erbaut,
wird aus dem Küken ein Adler
und aus Schicksal Bestimmung.

Was wir Seele oder Persönlichkeit oder Individuum nennen,
wird von einer Vielzahl von verschiedenen Tendenzen bestimmt,
die sich koordinieren, aber auch offen bekämpfen können.
Die Bilder des inneren Weges im alten Ägypten zeigen uns,
wie unsere ungleichartigen psychischen Teile
als Bausteine gebraucht werden können,
sorgfältig zusammengebracht
und in ein harmonisches Ganzes eingepaßt,
zusammengebunden
und zu einer wahren Individualität gewandelt:
ein Haus der Ewigkeit.
Diese Synthese muß auf vier Ebenen realisiert werden,
die in der Säule zu sehen sind –
die physische, vitale, mentale und übermentale Ebene –,
damit der Djed eine Himmelsleiter
und eine immerwährende Vollkommenheit werden kann.
Untersuchen wir diese vier Ebenen genauer
und beginnen wir mit unserem physischen Wesen.
Gehorcht es uns, ist es gar geübt?
Und unser vitales Immunitätssystem,
arbeitet es als einziges Kraftfeld,
wachsam, seiner selbst bewußt?
Unser mentales Wesen mit all seinen Ideen
– funktioniert es rund um ein Zentrum
wie ein harmonisches und kreatives Orchester?
Und das Übermentale,
Sitz unserer tiefsten Aspirationen und höchsten Ideale,
hält es eine dauernde Wahrnehmung
des zeitlosen Programms unserer Seele aufrecht?
Und sind alle diese Seinsebenen
der Ausdruck einer einzigen fundamentalen Vibration,
ein einziger Ruf, ein einziger Gesang:
wir selbst?
Es ist an der Zeit,
daß wir unseren Djed zusammenbinden und aufrichten.

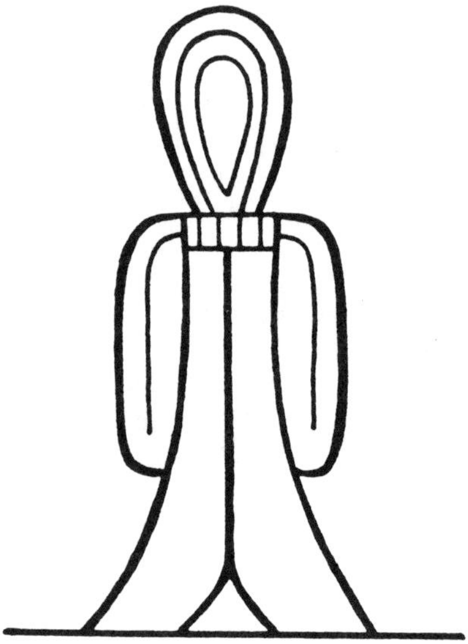

ISIS als »tet«,
als lebender Gürtel, ein Symbol für das,
was alles zusammenhält.*

* Bibl. 21, S. 125

Zum Zusammenbinden brauchen wir ein starkes Band,
das gleichzeitig warm und weiblich ist,
einen mütterlichen Gürtel,
den sogenannten Knoten der ISIS –
ein Symbol, das den Djed stets begleitet.
Es unterdrückt nicht die Vielfältigkeit unseres Wesens,
sondern umarmt sie.
Unsere scheinbar gegensätzlichen Funktionsweisen
wie die der rechten und die der linken Gehirnhälfte,
oder die des Krokodils oder des Falkens in uns –
unsere Dualitäten –
werden durch gegenseitiges Akzeptieren
und Verstehen miteinander verbunden.
Unsere ent-zweienden Bewegungen,
die Rebellen in uns,
werden nur dadurch integriert,
daß wir sie an unser Herz nehmen.
Das ist die Botschaft
des geheimnisvollen Gürtels der ISIS.

Aus dem Grab der Nofretari*

* Bibl. 25–2/Fig. 8

Der nächste Weg-Schritt ist die Aufrichtung der Djed-Säule.
Stehen, im Gegensatz zum Liegen,
ist ein zeitloses Symbol
für die innere Haltung des Menschen.
Aufrecht zu stehen in dauernder Wachsamkeit
charakterisiert die erwachte Seele.

Gewahr werden, daß etwas in uns steht,
selbst wenn der Körper schläft –
mit diesem stehenden Teil eins zu werden,
muß lange unermüdlich geübt werden,
damit wir wie eine Säule in der Ewigkeit stehen,
wenn wir unseren Körper zu seiner letzten Ruhe niederlegen.

Aus einem Papyrus*

* Bibl. 24, Abb. 52

Um klar zu demonstrieren, daß der Djed
nicht ein materieller Gegenstand,
sondern eine psychische Bewegung ist,
wird hier gezeigt,
daß der Bau der Säule
immer an der Spitze beginnt.

Wir fragten in der Einleitung »Von Bild zu Bild«,
was unsere Vorfahren
ungezählte Generationen lang
mit ihrer menschlichen Einsicht,
ihrer menschlichen Aspiration
und ihrer Intelligenz getan haben.
Nun sehen wir, was sie taten.
Sie haben geduldig und mühsam
die Djed-Säule errichtet:
die Menschensäule, unseren OSIRIS-Körper,
der uns befähigt, aufzustehen
und zu den Sternen zu sehen,
der den Menschen vorbereitet,
durch Raum, Zeit und Ewigkeit zu reisen.

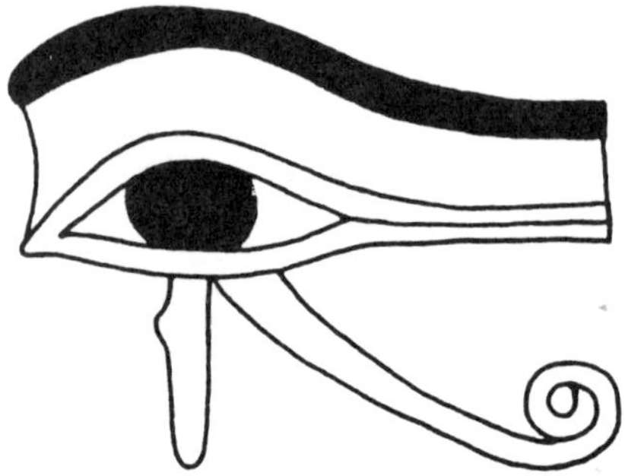

Vgl. Bibl. 21, S. 158

Die Heilung des Auges

Als Symbol wird das Auge auch als Sonnenauge
oder als Auge des HORUS bezeichnet.
Bei der Heilung des Auges geht es nicht
um Physisches, sondern um Psychisches,
und es geht wieder um geduldige Übungen.
Das Bild, das unser Auge mit seiner Netzhaut auffängt,
wird optisch aufgeteilt und analysiert.
Unser Bewußtsein klassifiziert die Dinge:
ein Fenster, ein Baum, eine Wolke, der Himmel . . .

Bevor wir uns an dem Glanz
und der Herrlichkeit erfreuen können,
wird erklärt: »Oh dies ist nur eine Blume,
nur der Mond, nur ein Stern . . .«
Aber dann sehen wir nicht mehr ein Bild des Ganzen,
die atemberaubende Schönheit,
und das Wunder des Universums in uns.

Aber so war es nicht immer; wenn wir Glück haben,
können wir uns erinnern, was wir als Kind sahen:
den ersten Weihnachtsbaum, den ersten Schmetterling,
bevor gesagt wurde, daß es nur dieses oder jenes sei.

Die ägyptische Bildersprache zeigt ein Auge mit einem Balken.
Der Balken ist die Hieroglyphe für »Form«.
Ursprünglich war es ein Pflock,
der in die Erde gepflanzt wurde,
um das Vieh daran festzubinden.
Es bedeutet, daß unser Sehen an einer Leine liegt,
angebunden an Formen und Namen.
Die erste Übung besteht darin,
unser Sehen loszulösen von der ausschließlichen Beachtung
äußerer Formen und Namen.

Die Schlinge, die am Pflock angebracht ist,
bringt eine neue Gefahr für das psychische Leben:
in einem Universum von »Dingen« verwickelt
und praktisch verloren zu gehen in Lebensformen.
Das, was wir besitzen möchten,
besitzt am Ende uns.
Die zweite Übung ist daher, uns von jeglicher Illusion
des Verwickeltseins und des Besitzes zu lösen.

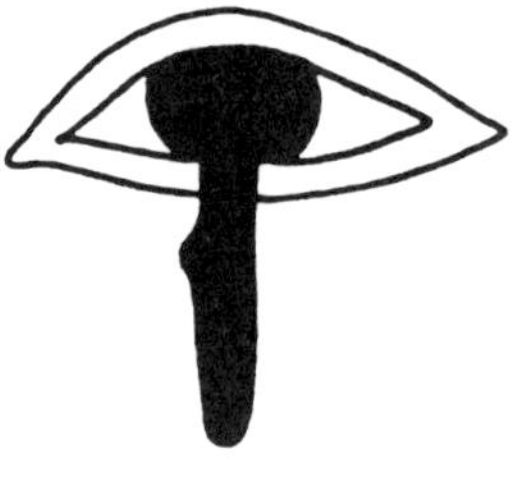

Nun können wir
in eine neue Richtung sehen,
fort von den Dingen:
hinter die Formen
und den Schleier der Erscheinungen.
Wir werden fähig zur Einsicht,
hinter die Kulissen der Welt zu sehen
und zum Beispiel zu entdecken,
wer das »Blau« in unsere Wahrnehmung
des Himmels gelegt hat.

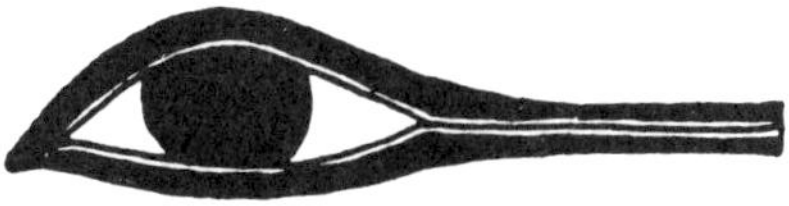

Eine Ebene des Sehens
öffnet sich allmählich,
nicht nur hinter,
sondern über allem.
Die Kräfte des Universums
enthüllen sich selbst:
Wir können nun
die Neteru wahrnehmen,
die Beweger der Fahnen aller Wesen,
und über ihnen die Einheit
von Sehen und Sein.

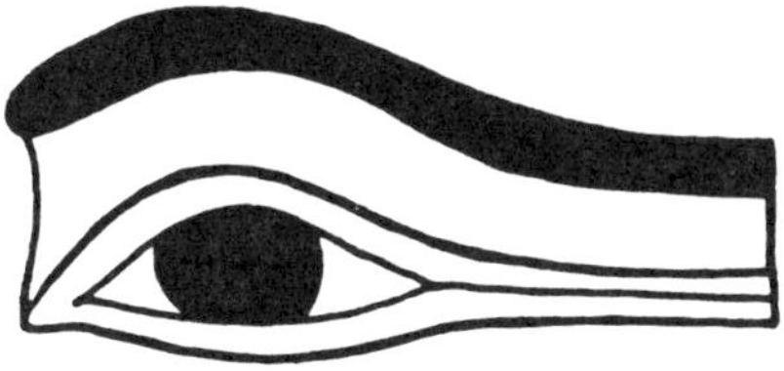

Aus dem Grab des Tutanchamun*

* Anmerkung 25 – Bibl. 29, Fig. 4

Unser Sehen wird souverän.
Jedes Ereignis ist einzig,
unabhängig von Stereotypen
und Namensgebung.
Jede Sicht tritt ein
in das mysterium magnum des Seins,
wir sehen,
wie RE sieht.
Das Auge ist heil.
Das Fest des Sehens beginnt.

Ein Schritt weiter,
das Sehen wird zum Erschaffen.

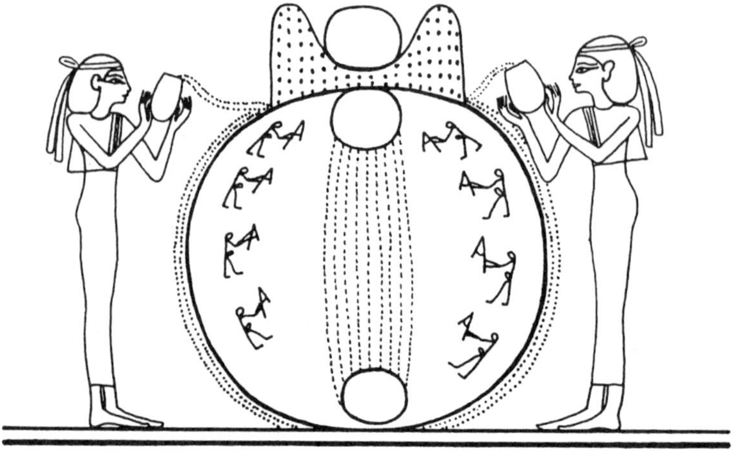

Aus dem Papyrus des Khonsu-mes*

Der Prozeß der Erkenntnis

Auf dem obersten Teil des Bildes geht die Sonne über dem Horizont auf. Mit der Morgendämmerung werden viele Einzelheiten der Landschaft (dargestellt durch kleine Punkte)
sichtbar.

* Bibl. 30, I, Fig. 62

Das Bild der Sonne – Symbol des Bewußtseins – erscheint
in unserem Schädel (der große Kreis)
und verbindet sich (von Strich zu Strich)
mit unserer Wahrnehmungsfähigkeit,
bis sie erfüllt ist von diesem Licht.
Um diese Schwingungskreise von Aktivität
bearbeiten acht kleine Arbeiter oder Lehrer das Feld,
so daß wir wirklich verstehen können, was vorgeht:

Der Tag ist gekommen,
es ist Morgen,
die Sonne scheint;
seht, die Welt ist schön!
Auch für uns ist es Zeit, aufzuwachen
und der Sonne zu zeigen,
wie dankbar wir für ihr Kommen sind.
Laßt ein neues Fest des Lebens beginnen!

Nun ist die Sonne in unserem Bewußtsein.
Aber noch ein weiterer sehr wichtiger Schritt muß getan werden,
damit wir in voller Resonanz mit der aufgehenden Sonne sind:
ein vollständiges Erwecken unseres gesamten Wesens,
was ein Mystiker »Erleuchtung« nennt.

Die beiden zur Seite stehenden Figuren
gießen aus ihren eiförmigen Vasen –
Symbole der genetischen Programmierung –
ein nichtsinnliches Resonanzfeld, das die Wahrnehmung
»der aufgehenden Sonne«
– wie eine Bewußtseins-Erweiterung –
mit einer vibrierenden Ekstase des Selbst-Gewahrseins umgibt.

Diese Erfahrung schließt in sich nicht nur die völlige Übereinstimmung
(Synchronizität) mit dem Sonnenaufgang ein,
sondern auch die ganze Bedeutung
von Universum, Leben und Mensch.
Sehen und Sein treten in totale Resonanz.
»Jetzt sind auch wir Sonnenaufgang.«

Um uns für diesen Vorgang vorzubereiten, müssen wir üben:
1. das Feld zu sein, gut ausgebildet, aufnahmebereit,
2. der Pflüger zu sein, indem wir uns unermüdlich vorbereiten,
3. das fest zusammenhaltende Werkzeug des Pflügens zu sein,
das auch die Hieroglyphe »Liebe« ist.

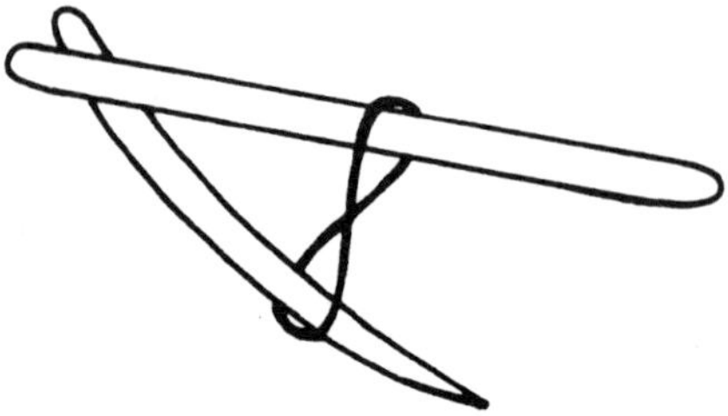

Hieroglyphe »Liebe«*

* Bibl. 16, S. 516–6

5. **Psychologische Umrisse**

Dies sind die ägyptischen Hieroglyphen für »Bild«:
eine Schwingungsbewegung (die Schlange),
die unser Bewußtsein fortschreitend bewegt
(der Halbkreis der Hirnschale)

Vergleichbar dem Weg des HORUS, der weder Doktrin noch Glaube ist,
sondern ein Hineinwachsen in ein Bild,
das wir als Selbst-Gewahrsein erfahren.

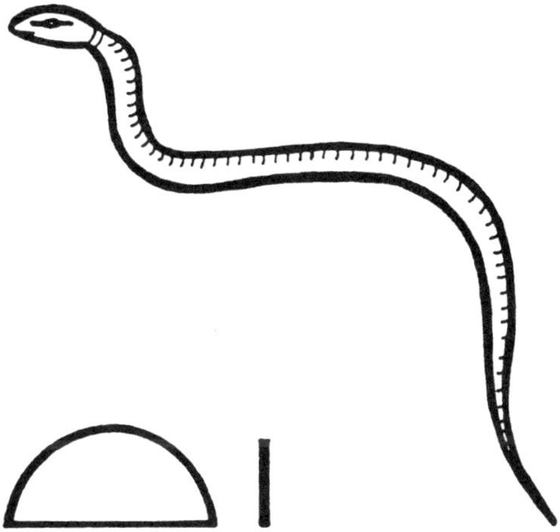

* Zum Schaubild vgl. Bibl. 15, S. 317

Aus dem Papyrus des Khonsu-mes*

* Bibl. 30, I, Fig. 33

Der dreifache Akt der Persönlichkeit

Erkennst du dich auf diesem Bild?
Jeden Morgen aufsteigend aus dem Ozean des Tiefschlafs,
einem lebenden Behälter all unserer vergangenen Aufstiege.
Ein Wesen taucht auf, halb Fisch, halb Mensch,
Schwimmer in den Gezeiten der Zeit,
hebt einen kleineren Teil seiner selbst hoch
in die Welten des Lebens und Erwachens.
Diese Kindgestalt wiederum versucht,
über sich ein größeres Selbst-Gewahrsein zu halten,
einen Zustand der Vollkommenheit
– der Ekstase –,
das Überschreiten des alltäglichen Bewußtseins.
Das Bild ist ein Urbild
der Dreieinigkeit Mutter-Kind-Heiliger Geist –
nicht als Dogma, sondern als Übung,
um eine immer weitere, tiefere und höhere Schau
und eine größere Fähigkeit zur Glückseligkeit zu erlangen.

Von der Mendes-Stele*

* Bibl. 32, S. 172

Das fünffache Selbst-Gewahrsein

Hier ist ein weiteres psychologisches Bild auf dem Weg des HORUS.
Die Gruppe von blühendem Papyrus ist eine Hieroglyphe
mit vielen Bedeutungen:
sie kann »außen«, »hinter« und »dienstbereit« bedeuten.
In diesem Lehrbild meint sie unsere dreifache Epiphanie,
physisch, vital und mental,
unsere Werkzeuge der Manifestation in der äußeren Welt.

Das schönste Blühen ist dem Verfall unterworfen.
Behalten wir all das im Gedächtnis,
wenn wir auf den HORUS schauen,
der darüber schwebt.

HORUS ist der Teil in uns,
der fähig ist, sich über alle anderen Teile hinaus zu erheben;
und über HORUS hinaus
sind wir der einfache abstrakte Kreis,
die ewige Bewegung, die in sich selbst zurückkehrt:
Selbst-Gewahrsein.
Diese Prinzipien stehen hinter unserer menschlichen Form,
die wir für diejenigen projizieren,
die uns zu sehen verlangen.

Auf dem Bild werden von der projizierten Figur
zwei Symbole hoch vor unsere Augen gehalten,
damit wir sie nicht aus dem Blick verlieren.
Das eine ist das wohlbekannte Ankh,
das Zeichen der Wiedergeburt und des ewigen Lebens,
das andere ist seine strahlende Variante:
das Versprechen eines leuchtenden Sonnen-Lebens.

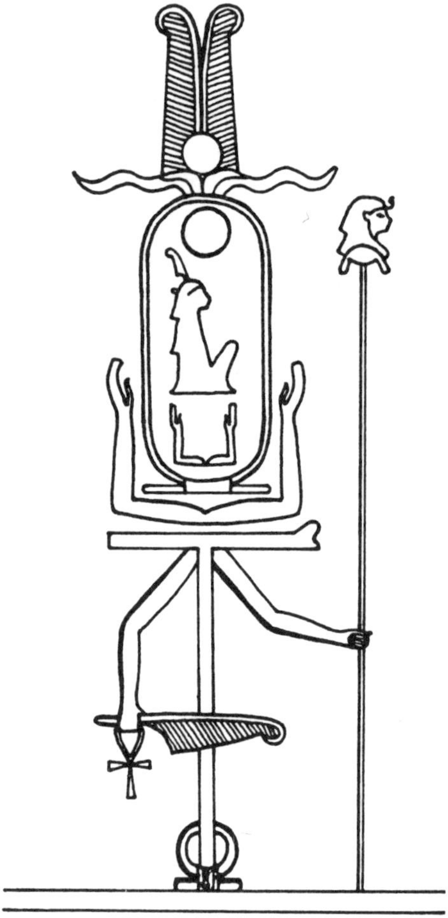

Vom Tempel der Hatschepsut, Karnak*

* Bibl. 36, S. 104

Wie wir uns selber sehen sollten

Dies ist das Bild einer stolzen Königin, von ihr selbst gezeichnet.
Um ihren unsterblichen Lebensentwurf so sehen zu können,
muß sie von einem wahren Lehrer gelehrt worden sein.
Es ist auch ihr Bild am Anbeginn der Zeit
und das Gesicht, das sie am Ende tragen wird,
wenn unser Universum in sich selbst heimkehrt.

Aus dem unendlichen Ring der ewigen Wiederkehr
erhebt sich ein Gestell,
das »höherheben« bedeutet, aber auch »manifestieren«.
Es hat zwei Arme,
von denen einer das Ankh-Symbol des ewigen Lebens
und die Feder der MAAT, Symbol der inneren Führung, hält
und der andere eine Standarte, die vom Haupt einer Königin gekrönt ist.
Eine aufsteigende Uräusschlange auf ihrer Stirn
bedeutet die Kraft, »über den Zaun« des mentalen Wesens »zu springen«.
Das Haupt selbst ruht auf der Hieroglyphe »Schatten«.
All das heißt, daß ihre physische Erscheinung als Königin
von ihr nur als ein Schatten oder eine Projektion dessen,
was sie in Wirklichkeit ist, betrachtet wird.
Hinter ihrer Erscheinung steht ihr wahres Wesen.

Über dem Gestell halten die Arme des KA-Zeichens ihre Kartusche hoch,
die ihren HORUS-Namen enthält:
MAAT-KA-RE.
Ihn in Worte zu übersetzen, wäre unmöglich.
Er stellt ihr wahres Selbst dar (symbolisiert durch die Sonne),
ihre Seelenkraft, Aspiration und Stärke (das KA-Zeichen),
und eine ihr innewohnende, unfehlbare Führung (die sitzende Gestalt
mit der Feder).
Er zeigt gleichzeitig ein sich selbst genügendes Wesen
und ein Entwicklungsschema, mit dem es von Leben zu Leben
durch Myriaden von Inkarnationen reist.
Auf der Spitze der Kartusche befinden sich die türaufbrechenden Hörner
des übermentalen Selbst-Gewahrseins
und der Kreis der Selbstvollendung
zwischen dem doppelten Fühler der Wahrheitserkenntnis.
Unser eigenes Bild ist das wichtigste aller Lehrbilder.
Seiner gewahr zu werden, ist ein notwendiger Schritt
zum Selbst-Gewahrsein
und zu einem beschleunigten evolutionären Prozeß.

Aus dem Grab Ramses' VI.*

* Anmerkung 26 – Bibl. 28, I, Fig. 93

Der wunderbare Oktopode in uns

Acht Arme, die aus unserem Mentalen hervorkommen.
Ein Teil der kreativen Kraft des Menschen ermöglicht es,
aus zunächst nur vagen Gefühlen ein Bild machen zu können.
Unsere Sehnsucht muß Gestalt annehmen,
bevor sie realisiert werden kann.
Dieses Bild zeigt, daß das Mentale nicht unsere höchste Fähigkeit ist.
Es gibt Wahrnehmungsebenen über dem Mentalen,
und jede Ebene reicht über sich selbst hinaus,
immer näher an die bis jetzt noch ungreifbare Einheit
des wahren Selbst-Gewahrseins.

Strecken wir unsere psychischen Pseudoarme aus,
bis sie Organe werden,
die uns verstehen können.

Aus dem Papyrus des Djed-Khonsu-ius-ankh*

* Bibl. 30, II, Papyrus 19

Spielregel:
Halte den Ball nicht fest, gib ihn weiter!

Indem der Sonnenball unserer Selbsterkenntnis
im Korb des Lebens geboren wird
oder in den schwarzen Korb des Unbewußten fällt,
aus dem er wieder zum Bewußtsein aufsteigt,
wandert er von Stunde zu Stunde, von Leben zu Leben,
von Goldenem Zeitalter zu Goldenem Zeitalter.

Federkrone*

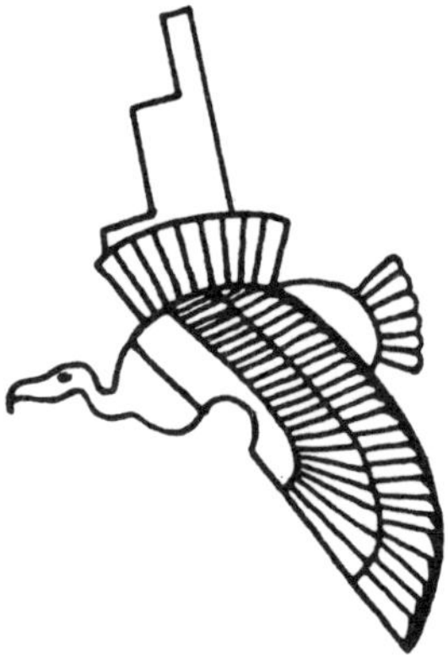

* Anmerkung 27 – Bibl. 22, S. 58, 59

6. Die psychosynthetischen Kronen

Die Kronensymbolik des alten Ägypten
bezeugt die hohe Entwicklungsstufe ihrer Psychologie.
Sie stellt eine besondere Symbolsprache
für die königlichen Fähigkeiten des vollentwickelten Menschen dar.
Was in Indien »Siddhis« (Vollkommenheiten) genannt wird,
ist hier bilderschriftlich kodifiziert.

Aus dem Grab des Haremhab*

* Bibl. 18, S. 4

Tierhörner bedeuten ein Eindringen,
ein Durchstoßen in eine höhere Ebene der Wahrnehmung.
Die Sonnenscheibe deutet hin
auf ein Fließen strahlenden Bewußtseins.
Die Schlange gemahnt uns,
über die sich im Enzephalogramm manifestierenden Hirnströme
hinauszuschwingen.

Aus dem Papyrus des Her-Uben*

* Bibl. 30, II, Papyrus 1

Eine Lotosknospe, die sich über die Stirn neigt,
deutet auf den Prozeß des Wiedergeborenwerdens hin.
Ein Kegel aus Ölen, Bienenwachs und Duftstoffen,
der auf den Kopf gesetzt wird,
und langsam in das Haar und auf den Körper schmilzt,
ist ein Zeichen des Festes, des Gesalbtseins,
ein Zeichen unserer Fähigkeit,
außerhalb der gewöhnlichen Zeit zu leben
und der Gegenwart der großen Neteru bewußt zu sein,
die stets von besonderen Düften begleitet werden.

Die interessantesten Kronen sind jene,
die mit dem Pharao
und seinen spezifischen Übungen verbunden sind,
weil sie zwei sich ergänzende Wege
des Menschseins darstellen:
den Weg des Kriegers und den des Priesters.

Der Pharao als Krieger
Aus dem Grab Sethos' I.*

* Bibl. 6, S. 62

In dem geistigen Ahnenerbe unseres Königreiches –
unseres physischen und psychischen Körpers sind wir nicht allein.
Alle Arten von Kräften aus der Vergangenheit sind noch wirksam:
primitive Instinkte, atavistische Ängste,
genetische Zellerinnerungen, aber auch Kindheitstraumen
und eingeschliffene Ego-Verhaltensweisen,
die sich ständig in all unsere Entschlüsse einmischen
und uns zu Vorlieben und Vorurteilen drängen können.
So entwickeln sich eingebildete, unvernünftige und einseitige Zwangs-
vorstellungen,
die tatsächlich unser Königreich beherrschen können.

Wir können nicht eher König sein,
bevor wir ihnen nicht unsere Autorität
in unzähligen heroischen Kämpfen auferlegt haben.
Die berühmte Schlacht von Kadesh,
deren Bild auf den Pylonen außerhalb des Tempels eingraviert ist,
symbolisiert diese Unterwerfung.

Erst wenn wir unsere inneren Feinde überwältigt haben –
unseren Aberglauben, unsere Ängste, unsere Gleichgültigkeit –
können wir den Tempel betreten,
das Heiligtum unserer eigenen Wahrheit,
unser eigenes Wesen.

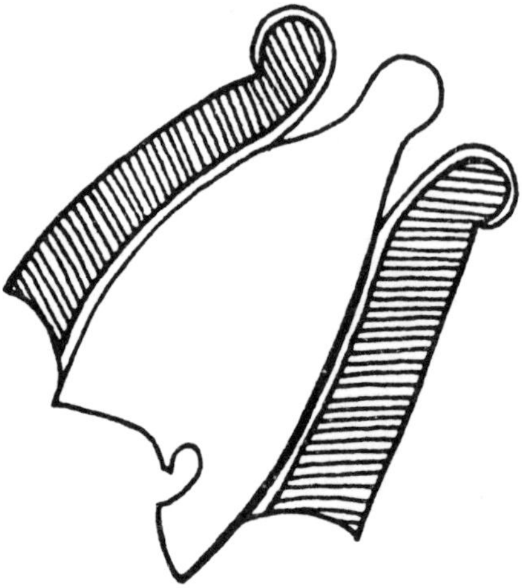

Die weiße Krone der Erleuchtung*

* Bibl. 21, S. 190

Die weiße Krone

Wenn am Ende einer langen Disziplin
die niederen Bestandteile unseres Wesens verwandelt wurden
und wenn die Aspekte der Polarität in uns
sich zu einer leuchtenden Einheit verbunden haben,
die nicht nur unser inneres Wesen,
sondern auch die Welt um uns her erleuchtet –
dann und nur dann ist der Priesterkönig
in uns gekrönt.

Wenn die inneren Konflikte gelöst
und alle Fragen beantwortet sind,
alle Bewegungen als unsere eigenen gesehen werden,
dann tragen wir die weiße Krone,
das große weiße Sonnenbewußtsein,
das alle Erscheinungen der Herrlichkeit
und alles Licht des Universums spiegelt.

»Gruß DIR – DU großer EINER . . .
die Himmelsfenster sind offen für DICH,
die Stufen des Lichtes sind unverschlossen für Dich . . .«*

* Bibl. 9, I, S. 53; 29, S. 42

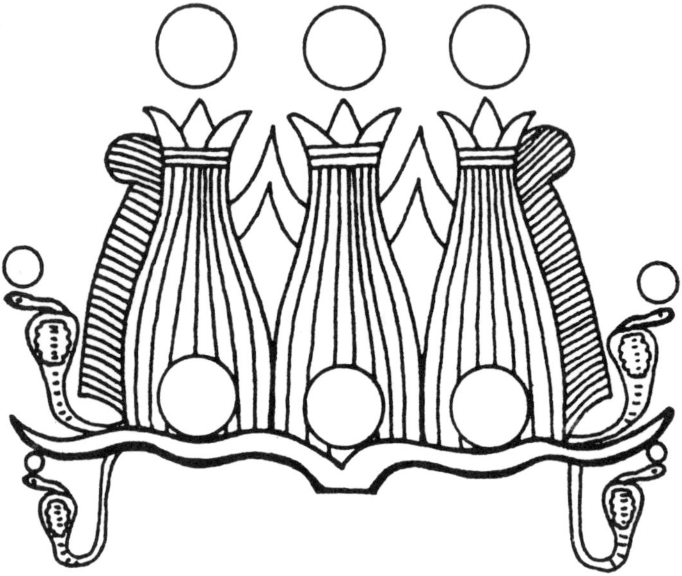

ATEF-Krone*
Detail der Krone einer Prinzessin
aus der Zeit Ramses' II.

* Bibl. 21, S. 26

Die ATEF-Krone

Surrealistisch und magisch
mutet die Atef-Krone an,
die das Blühen des Menschen darstellt,
die seltenen Augenblicke in unserem Leben,
in denen das Selbst-Gewahrsein voll erblüht ist,
ein Zustand,
der von den griechischen Mystikern
Pleroma genannt wurde.

Die Krone trägt symbolisch drei Kelche,
jeder mit seiner verborgenen Sonne,
die Licht durch die drei Welten bringt.
Sie hat zwei Federn, um uns den Weg zu zeigen,
und vier Schlangenkräfte,
zwei unten auf der Erde
und zwei oben im Himmel,
jede mit ihrer eigenen Sonnenenergie;
alle diese begleiten uns
in unserem königlichen Spiel.

Es ist die Festkrone des Vollkommenen,
des ewigen Kindes in uns,
das ein Spiel der Selbst-Entdeckung
und Selbst-Erschaffung
im ewigen Garten völligen Selbst-Gewahrseins spielt.

Details aus dem Papyrus des Ta-Shed-Khonsu*

Wie alle Symbole weisen Kronen**
nicht nur auf die Macht ihres Trägers hin,
sondern sind eigentlich die Träger der Macht,
Einladungen, bewußt zu werden.
In einem alten ägyptischen Text wird gesagt,
daß der König die Kronen ißt
und sie in sich hineinverwandelt.
Der König ist nicht der alleinige Träger von Kronen,
obwohl er sie am meisten benötigen mag.
Schlangen, Vögel, Krokodile,
Schakale und andere Tiere können auch Kronen tragen
in ihren Augenblicken von Majestät.
Bilder der Neteru werden in täglichen Ritualen gekrönt.
Miniaturkronen werden auch von den Leuten
als Amulette getragen.

Das wichtigste Charakteristikum
aller Kopfbedeckungen und Kronen ist,
daß sie den Schädel bedecken,
den Sitz der mentalen Fähigkeit,

* Bibl. 30, II, Papyrus 18

** Kronen sind keine Objekte, sondern Kräfte und Verwirklichungen. Der Ausdruck »essen« findet sich bereits in den Pyramidentexten und bedeutet assimilieren, werden, sich identifizieren. Wenn wir verlangen, »das Auge des HORUS zu essen«, bedeutet das, seine Sicht zu erwerben, sein Selbst-Gewahrsein zu sein, Wissen vom Universum als Teil von sich selbst.

den Verstand des Menschen,
und daß sie das Zentrum der Schwerkraft,
oder sollen wir sagen,
das Zentrum des Aufsteigens,
der Antischwerkraft, darübersetzen.*

Von den ägyptischen Kronen
erben wir eine Anzahl schöner Übungen,
die uns lehren können,
wie man mit einer Krone denkt.
Die Übungen beginnen immer damit,
das Physisch-Mentale dorthin zu stellen,
wo es hingehört: in die physische Welt.
Am Ende unseres gegenwärtigen Tages- und Lebenszyklus'
wird es ohnehin getrennt –
wie wir es jede Nacht erfahren können,
wenn das Tagesbewußtsein an der Pforte des Schlafes stehen bleibt.
Aber die Kronen, die wir getreu »geübt« haben,
können wir mitnehmen,
wenn wir durch die kleinen Pforten
unseres täglichen Lebens gehen –
durch eine Prüfung, eine Bewährungsprobe, eine Krise
oder ein wichtiges Ereignis –
und auch in unsere Träume
und in unsere nächste Geburt.
Die Kronen werden uns ermahnen:
Benimm dich nicht wie ein Bettler,
komm, betritt mit mir dein schönes Spielfeld,
dein Königreich.

Aber ihre Hauptaufgabe ist noch subtiler:
Die Kronen verlagern unseren Schwerpunkt
aus dem physischen Mentalen auf neue Fähigkeiten,
auf das seelisch Mentale,
das entwickelt werden muß,
um eine neue Weise des Menschsein zu ermöglichen.

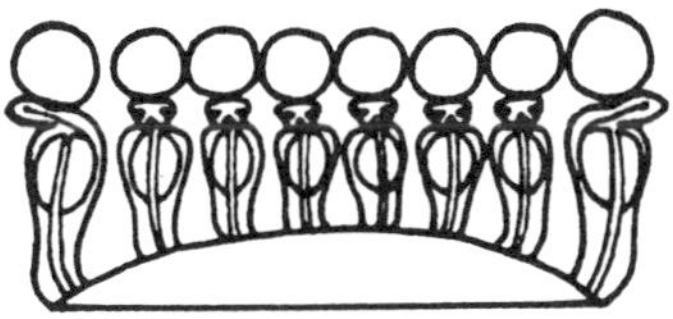

Details einer Krone – Vom Tempel Sethos' I.**

* Bibl. 9, I, S. 53
** Bibl. 25, Plate LIV

Aus dem Papyrus der Nesi-Khonsu*

* Bibl. 30, I, Fig. 55

7. **Was der Skarabäus lehrt**

Auf den ersten Blick scheint ein Mistkäfer
eher ekelerregend.
Es erscheint auch absurd,
daß er das Sonnenprinzip darstellen soll.

Ist es etwa eine Unwürdigkeit,
daß eine Lotosblume im dunklen Schlamm wachsen muß?
Oder des Fragens würdig,
auf welche Weise der Mensch zur Welt kommen muß?
Dieses verwandelt der Mistkäfer
in einen triumphierenden Sieg!
Vom einzelligen Ei zur Larve,
dann zur Puppe –
und morgen das Erwachen des »geflügelten« Erwachsenen,
das ist der Weg des CHEPER,
der »Seele des RE«.
Sie entfaltet ihre verborgenen Flügel,
erhebt sich von der Stätte ihrer Geburt.
Diese Bewegung machte den Skarabäus
zu einem der großartigsten Lehrsymbole,
die je vom Menschen erfunden wurden.

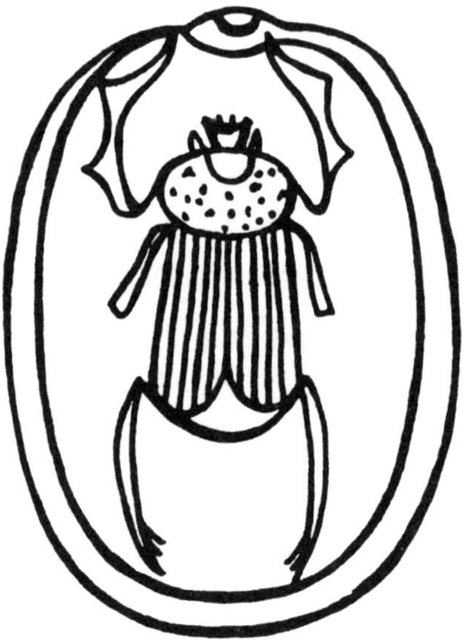

Aus dem Papyrus des Djed-Amon-iuf-ankh*

* Bibl. 30, II, Papyrus 27

Lassen wir den heiligen Skarabäus uns lehren,
was in ihm und in uns heilig ist.
Wenn wir uns in einem dunklen Loch von Verzweiflung befinden,
dann müssen wir den Skarabäus in uns anrufen,
aus dem Mist herauszukriechen.
Was ein Mistkäfer kann, können auch wir.

CHEPER, der Skarabäus, ist auch das ägyptische Symbol
für Werden und Selbst-Schöpfung.
Er findet sich in zahlreichen Kartuschen
als ein Programm für Königskinder,
»sich selbst zu erschaffen«.
Das Bild zeigt weiterhin:
Das geistige Prinzip,
hinter allen Transformationen
ist das Werden der Seele
aus ihrem Ursprung heraus.

Ergreifen wir diese Kraft in uns,
die zurück in unseren Ursprung
und vorwärts in unsere ferne Zukunft reicht,
und vereinigen wir unser Ende
und unseren Anfang
in diese wunderbare Selbst-Realisation,
dieses Bewußtsein von Heilsein und Heiligkeit,
das der Gipfel des Seins ist.

IV Von Geburt zu Geburt

Wie man durch die Zeit reist

Hieroglyphen »Geburten«*

* Bibl. 13, S. 47

Aus dem Grab Ramses' VI.

* Bibl. 28, I, Fig. 111

Aus dem Grab Ramses' VI.*

Man beachte die betonte Nichteinmischung zerebraler Tätigkeit – nur die Sterne sprechen.

* Bibl. 28, I, Fig. 138, Details von 32, S. 139

1. **Das freundliche Königreich der Sterne**

Lehrende Lichter

Als der Mensch
in der Verwirrung und Aufregung des Lebens
auf der Erde
seine erste Frage stellte:
»Was bedeutet dies alles?«
wurde es Abend
und die Sterne erschienen
und zeigten ihm,
was dies alles bedeutet.
In der feierlichen Stille der Nacht
leuchtende Lichter,
lehrende Lichter,
jedes Licht ein Lehrer.

Aus dem Zodiac von Dendera*

»Zu deinen Diensten«:
einer der 36 Stern-Diener des Sonnenjahres.

* Bibl. 36, S. 178

Jeder Stern eine Antwort,
eine andere Antwort.
EINE Frage,
und so viele Antworten.
Ein einziger Wunsch:
»Es werde Licht«
und so viele Lichter als Antwort
auf unsere einzige Frage:
solch verschwenderische Großzügigkeit,
solch eine üppige Fülle,
solch ein Überfluß an Signalen.
Natürlich war dies die Bedeutung:
»Es werde Licht, Bewußtsein,
Selbst-Gewahrsein, Freude, Vielfalt,
Spiel, Feuerwerk, explodierende Universen
für immer und ewig . . .«

»O Nut (der Himmel) ich komm zu Dir,
Flügel sind mir gewachsen wie einem Falken.«
Nut antwortet:
»Nimm Deinen Platz am Himmel
mitten unter den Sternen.«*

* Bibl. 15, S. 245

Aus dem Zodiak von Dendera*

Ein geordnetes Universum

* Bibl. 36, S. 178

Bis wir leuchten

Wenn man nachts
unter dem wolkenlosen Himmel Ägyptens liegt,
sind überall Sterne;
sie umgeben uns so vollständig,
daß wir im »Haus der Sterne« sind.
Und sie sind so nahe,
daß wir zu ihnen sprechen können.
Für die Ägypter war der Himmel ein Haus

und mehrere Sterne konnten in demselben Haus wohnen

oder hinauswandern,

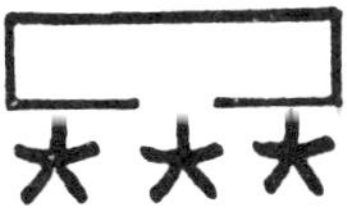

entsprechend den verschiedenen Schreibweisen des Wortes »duat«,
welches das Königreich der Sterne
und unsere göttliche Milch der Unsterblichkeit ist.

Die Sterne,
diese unzähligen Lichter,
senden ihre Grüße
vom anderen Ufer des Lebensflusses,
uns rufend, uns leitend,
den Fluß aus Milch zu überqueren.

Wie sie tanzen,
wenn sie über dem Horizont aufgehen!
Laßt uns mit ihnen aufgehen.
Hört ihr ihren süßen Gesang?
Und nun öffnen sie ihre Arme,
uns zu empfangen.

»O Mutter NUT (der Himmel),
laß deine unvergänglichen Sterne
über mir leuchten.«

Dieses Gebet war innen
auf einen Sargdeckel geschrieben.
Und an den Decken
der königlichen Gräber
gab es nur Sterne –
Sterne, die einen neuen Morgen ankündigten.

Die Sterne waren für den Ägypter
eine dauernde Zusicherung,
daß er in einem Universum von Schutz,
Zärtlichkeit und Harmonie lebte,
wo alle Versprechen,
die je dem Menschen gegeben wurden,
immer tausendfach erfüllt wurden,
so viele Male,
wie der Himmel voller Sterne ist.

Innendeckel eines Sarkophags:
der Himmel mit der Sonne, dem Mond und den Sternen*

* Bibl. 31–2/Pl. III

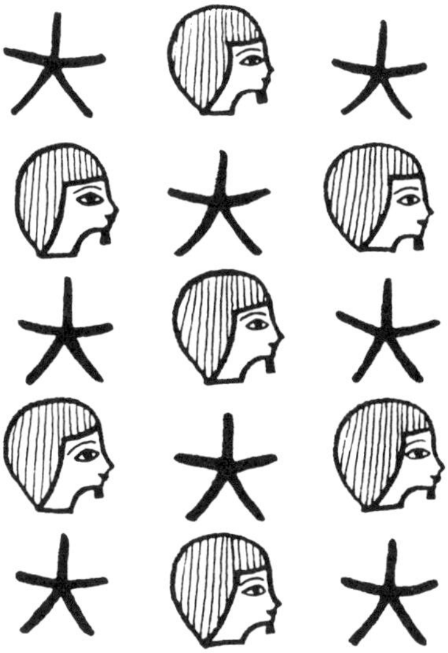

Aus dem Papyrus des Bak-en-Mut*

Sternenbewußtsein

Wir leben in einem Universum,
das bis an den Rand mit Vibrationen gefüllt ist.
Sternenbewußtsein ist Vibration
und Kommunikation mit der Ganzheit.
Im physischen menschlichen Körper gibt es weniger Möglichkeiten,
Kommunikation zuzulassen und auszusenden.
Aber wir sind nicht Gefangene unseres Körpers.**
Wir können aus ihm heraustreten
und Stern sein
und dann durch das Sternenbewußtsein
mit allen Vibrationen kommunizieren.
Sterne sind Symbole einer Vibration.
Die Botschaft könnte so formuliert werden:
Wachse über diesen physischen Körper hinaus,
werde wie RE,
empfange und strahle Licht,
Bewußtsein und Freude aus.

* Bibl. 30, II, Papyrus 12
** siehe nebenstehendes Bild (Himmelsgöttin NUT)

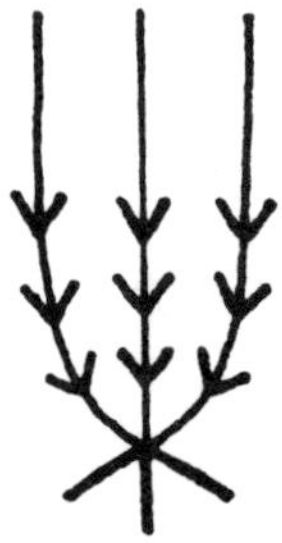

Hieroglyphe »Geburt« (vgl. S. 181)

Hieroglyphe »Blühen«

Bibl. 16, S. 465–31; 21, S. 110

Sternenblühen

Die nebenstehende Hieroglyphe für »Geburt«
zeigt einen Sternenkörper,
an den Tierfelle gehängt sind,
die auf den Wechsel der Haut (des Körpers) hinweisen,
wenn wir von Geburt zu Geburt gehen.

Aber die alten Ägypter
waren nicht durch ihre eigenen Symbole begrenzt.
Sie konnten sie immer abwandeln,
um auszudrücken, was sie jeweils sagen wollten.
So konnte Ramses der Dritte,
dessen Name die Hieroglyphe für »Geburten« enthält,
die leeren Häute durch Blumen ersetzen.
Daher kann die Überschrift dieses Kapitels –
nachdem wir jeden seiner Schritte geübt
und verwirklicht haben –
so gelesen werden:

von Blühen zu Blühen

Aus dem Papyrus des Khonsu-Mes*

Hieroglyphe für »Schleife«, »umfassen«, »einschließen«

* Bibl. 30, II, Papyrus 17

Unseren Stern umarmen

Dies ist ein Fächer und ein typisches Wegzeichen
auf dem HORUS-Weg.
Wie alle diese Zeichen
sind wir dies selbst.
Unsere Füße stehen auf der Hieroglyphe
»Ewigkeit« und »ewige Wiederkehr«,
um uns an unseren Ursprung zu erinnern.
Unsere Arme sind erhoben und verschränkt
zu einem Ring von Macht,
und was sie umfassen,
ist unser Stern:

Wir selbst ein Stern,
ein Wesen aus Vibration und Licht,
Bewußtsein von uns selbst,
aktiv, sichtbar, manifest
im Kosmos von Vibrationen.

Der Fächer ist ein Symbol für Atmung,
eine vibrierende Bewegung.
Wir können auf verschiedenen Seinsebenen atmen.
Wir können es physisch tun, mit unserem physischen Körper.
Wir können es mental tun, in unseren Vorstellungen.
Wir können es im kausalen Schwingungskörper tun,
unserem ✶
mit dem wir von Geburt zu Geburt gehen.*

Das Ziel dieser Übung ist,
den Stern zu einem bewußten Teil in uns zu machen.

Die Methode der Bewegung ist das »sa«,
welches hier meint:
»Nach-innen-gehen«, »umarmen«,
»Einschließen des Sterns in unser Herz« und
»uns mit ihm identifizieren«.
Viel Erfolg bei dieser Übung!

* Vgl. Bild S. 69

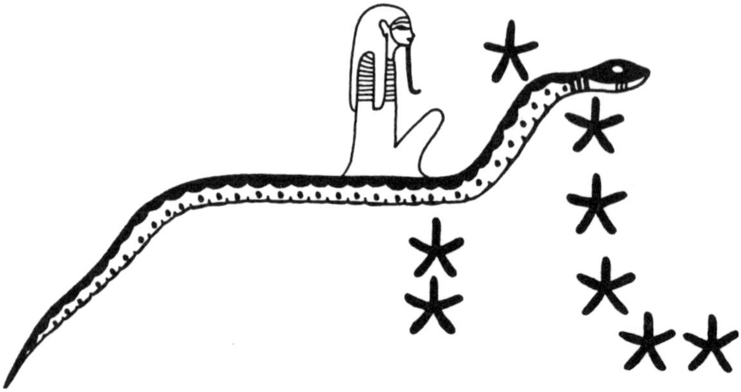

Aus dem Grab Sethos' I.*

Wo die Sterne sind,
reist nur das Licht;
kein Schatten
kann uns dorthin folgen.

* Bibl. 9/I, 251

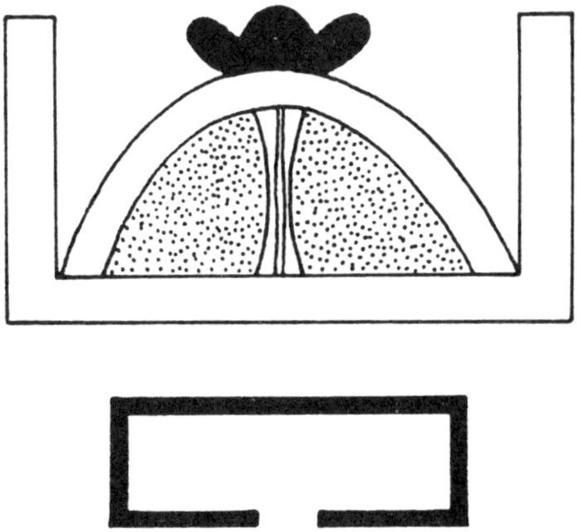

Aus dem Papyrus der Tent-diu-Mut*

Unsichtbar blüht oben auf dem leeren Grab
der geflügelte Samen.

* Bibl. 30, II, Papyrus 7

2. **Die Haut abstreifen**

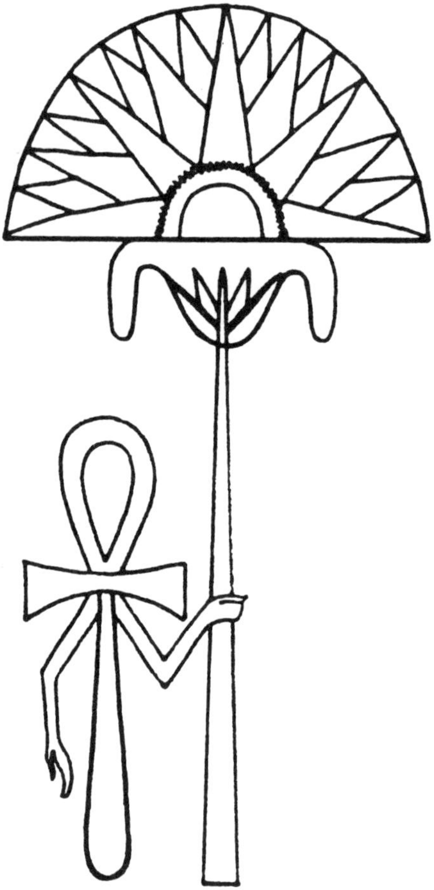

Aus dem Papyrus der Tent-diu-Mut

Das Leben weist den Weg zu seiner eigenen Fülle.

Von einer Seinsweise zu einer anderen

Ist Bewußtsein aus dem physischen Körper entstanden,
oder ist der Körper eine Projektion des Selbst-Gewahrseins?
Wenn wir wach in einem Körper sind,
meinen wir, daß wir unserer selbst gewahr sind.
Sind wir in diesem Augenblick unseres wahren Selbst gewahr?
Oder ist unser Körper eine Begrenzung für unser Selbst-Gewahrsein?
Jede Nacht schalten wir auf ein anderes
Raum-Zeit-Bewußtsein, eine Schlaf-Traum-Funktion um
und werden der Traumbilder gewahr.
Der Traum bist du selbst.
Welche Art von Bewußtsein hat der Tiefschlaf?
Null-Bewußtsein?

Oder ein fundamentales Bewußtsein, zu dem wir
keine mentale Brücke haben?
Vielleicht ist dort unser wahres Selbst,
aber wir sind nicht geübt, es wahrzunehmen?
Sehen wir uns das Bild an.
Wenn das Tagbewußtsein ein relatives Ich-Bewußtsein ist,
muß es dann nicht ein fundamentales Bewußtsein
dahinter, darüber oder darunter geben?

Wir haben schon entdeckt, daß unser Körper altert,
und wir wissen, daß er als materielle Stütze
sich während der Jahre ständig verändert hat:
nicht ein Molekül bleibt von unserem Kinderkörper.
Aber Erinnerungen bleiben, Bilder bleiben,
die Selbstidentifikation bleibt.
Was ist der Träger dieser Identifikation?
Selbst bei der Geburt tragen wir hochentwickelte
und komplizierte Formationen aus der Vergangenheit in uns.
Gene? Sind die Gene die Träger
eines ewigen Selbst-Bewußtseins, und kann dieses Selbst-Bewußtsein
aktiviert werden?
Auf welche Weise man eine Seinsweise mit einer anderen verbindet,
ist immer das Problem des Menschen gewesen,
seit er sich seiner selbst bewußt wurde
und seinen ersten inneren Dialog begann.

Der ägyptische Bilderweg des Lehrens versucht,
die verbindenden Glieder dieser Bewußtseinsformen zu zeigen,
von einem Zustand des Bewußtseins zum anderen,
von einem Körper zum anderen,
von einem Leben zum anderen.
Diese Durchgänge symbolisierten die ägyptischen Lehrer als Tore,
um sie dem Schüler leichter zugänglich zu machen.

Aus dem Papyrus des Nefer-Renpet*

* Bibl. 36–2/Pl XIII, Fig. 27

Die tausend Tore

Wohin wir auch immer sehen, ist ein Horizont,
und wann immer wir auch zu unserem Horizont gehen,
ist dort ein Tor:
Zwischen der Erde unten und dem Himmel oben,
zwischen Wachsein und Schlaf,
zwischen Geburt und Geburt
gibt es Tore,
die die Ewigkeit hinter uns
mit der Ewigkeit vor uns verbinden.
Die Tore sind immer offen und immer einladend.
Die Stadt mit den tausend Toren bist du.
Bilde dir nicht ein, daß du im Gefängnis bist.
Komm!

Aus dem Papyrus von Ta-Seshed-Khonsu*

* Anmerkung 28 – Bibl.30, I, Fig. 60

Schlaf als Übung

Ein Tor kann auch als ein Hindernis erscheinen.
Zum Beispiel fühlen wir uns eines Nachts unfähig zu schlafen.
Vielleicht steht ein Wächter am Tor des Schlafes.
Versuchen wir,
ihn zu visualisieren.
Seht, er hat vier Messer.
Das heißt, daß da einige Teile
unseres Wachzustands sein müssen,
denen der Zutritt in unsere Träume
nicht erlaubt werden sollte.
Der Wächter wird,
in unserem Interesse,
diese Teile von unserem Bewußtsein abschneiden,
einschließlich unserer Ängste
und unserer Besorgnisse,
um uns einen friedvollen Schlaf zu geben.
Er sieht recht furchterregend aus
mit seiner Löwenmaske.
Aber lernen wir seinen Namen.
Darf ich Dich mit ihm bekanntmachen:
»Die Beschützende und Umarmende«.
Das also ist es,
was wir tun müssen: sie umarmen
und ihr alle diese häßlichen
und störenden Erinnerungen und Ideen übergeben
und einen wunderschönen Schlaf haben.

Aus dem Grab Ramses' VI.*

* Bibl. 28, I, Fig. 27

Es gibt zwei Wege, ein Tor zu betreten,
sei es das Tor des Schlafs
oder das Tor zu einem neuen Leben.
Der eine ist der selbstauflösende Weg derer,
die ihren »Kopf« verlieren,
ihre Identität,
und Spielball aller Arten von unwissenden Kräften werden.
Anstatt siegreich auf der anderen Seite aufzutauchen,
bleibt ihr »Kopf« in die Welt der Schatten eingetaucht,
und sie haben Schwierigkeiten,
ihre Bestimmung zu finden.

Der andere ist der Weg der Selbstsammlung dessen,
der wohlvorbereitet, gut zentriert,
bewußt über die Schwelle tritt
in diese andere Weise,
er selbst zu sein,
und der so seine Selbstidentifikation bewahrt.
Seine Füße noch immer fest eingepflanzt
in seinem Grund, ist er frei,
den schönen Weg zu gehen
und sich von einem freundlichen Neter
in einen schönen Morgen
oder ein neues Leben führen zu lassen.

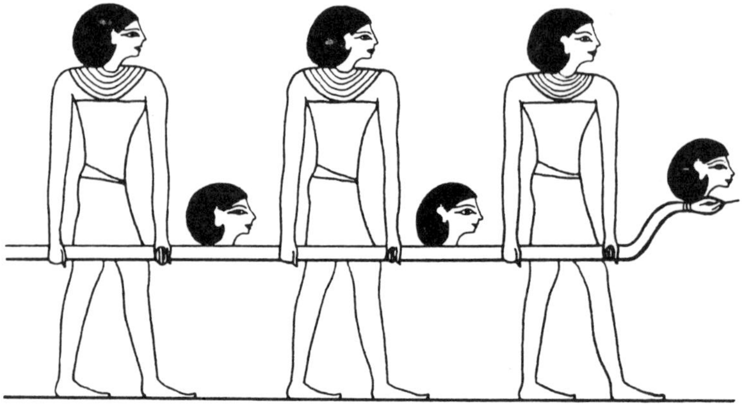

Aus dem Grab Ramses' VI.*

Köpfe in Lehrbildern sind,
was wir heute unseren analytischen Verstand,
unseren Intellekt nennen würden,
eine nützliche Waffe,
von der Natur entwickelt,
aber ein gefährliches Werkzeug,
wenn es gegen uns selbst gerichtet ist.
Unsere einseitige, übertrieben intellektuelle Entwicklung,
die durch unsere Schulsysteme begünstigt wird,
macht uns anfällig für psychisches Ungleichgewicht
und für die Illusion der Sterblichkeit.
Wir identifizieren den Verlust unseres Kopfes,
unserer psychischen Ego-Formation,
mit dem Tod.
Wie wir schon gesehen haben,
verlieren wir jede Nacht unseren Kopf.
Die ägyptische Ermahnung war:
O Kopf, verschlinge das,
was dich verschlungen hat.**
Das heißt, wir müssen lernen,
die Zustände von Traum, Schlaf und Tod
als Teile unserer selbst zu betrachten
und sie in unsere Wahrnehmung zu integrieren.
Der Schlaf wird eine wunderbare Übung.

* Anmerkung 29 – Bibl. 28, I, Fig. 46
** Bibl. 19, S. 243

Zusammenarbeit mit dem Ganzen

Die alten Ägypter machten sich keine Sorgen um den Tod.
Sie kannten den Tod als Tor zu etwas anderem.
Sie hatten ihn erforscht und hatten deshalb keine Angst.
Sie waren auch nicht erschreckt durch die Idee,
daß ein himmlischer Vater oder eine himmlische Mutter
oder ein Engel sie für ihre Sünden strafen könnte.
Sie wußten,
daß falsches Verhalten sich selbst straft,
daß Abweichungen vom inneren Programm
den Weg verlängern
und eine schwere Bürde werden,
solange sie diese mit sich herumtragen.
Solche Bürden loszuwerden,
war eine psychologische Übung
und hatte nichts mit imaginärer Bestrafung zu tun.
Nirgends haben sie den Menschen
als kleinen oder unbedeutenden
oder armen Sünder dargestellt.
Immer betonen sie seine Unsterblichkeit,
seine Gleichheit mit dem Neteru.
In dem Augenblick, in dem wir das Tor durchschreiten,
werden wir OSIRIS,
und wir werden als solcher angeredet.
So haben die sogenannten Totenbücher
und die mythologischen Chiffren
mit dem Ende eines Lebens
und mit dem Beginn des nächsten zu tun.
Sie sind der sorgfältigen Erklärung
der nötigen Schritte zur Wiedergeburt gewidmet.
Sie enthalten Methoden,
von denen angenommen wird,
daß sie die nächste Geburt bewußt machen können:
diese zeigen die Notwendigkeit
der bewußten Mitarbeit –
an dem schnellen Transformationsprozeß,
der schon beginnt,
bevor wir unsere alte Körperformation verlassen haben –
mit dem schützenden Segen all unserer Seelenkräfte.

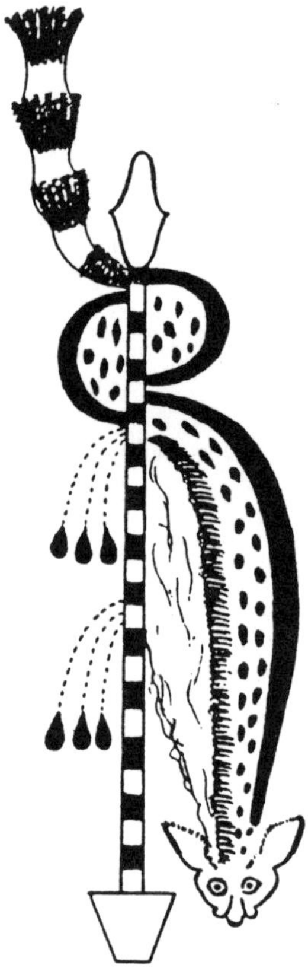

Aus dem Papyrus der Her-Uben*

IMYUT, unsere Tierhaut, hängt an der »Garderobe«.

* Bibl. 30, II, Papyrus 1

Um den geraden Weg, den bewußten Weg zu gehen,
brauchen wir Freunde, Verbündete, Helfer, Spezialisten –
jetzt schon alles Teile von uns selbst,
aber in der Regel uns unbekannt.

So wie die meisten Leute sich ihres »Immun-Systems«
nicht bewußt sind,
haben wir meist keine Wahrnehmung
für das »Transsubstantiations-System«.
Von den Ägyptern wurde dieser Wandlungsprozeß ANUBIS genannt.
ANUBIS ist kein Name,
sondern ein Hinweis auf ein Bewußtsein:
»der, der in seiner Haut ist«,
die Haut, die wir am Tor unseres nächsten Lebens abgeben werden.

Auf unseren Körper
als eine austauschbare Hülle zu blicken,
ist ein wichtiger Schritt
zur psychischen Gesundheit.
Wir werden nur ein armseliges menschliches Exemplar bleiben,
solange wir vor dem Wechseln unserer Haut
Angst haben.

Aus dem Papyrus des Hunefer*

* Bibl. 35, S. 82

Auf dem Weg zu unserem Horizont

Seht, wir haben es bereits millionenmal getan.
Dennoch neigen wir dazu, es zu vergessen,
genauso wie wir jeden Morgen vergessen,
daß wir unser Körperbewußtsein abgegeben hatten,
bevor wir in unsere Träume gingen,
und im Austausch ein Bündel Traumkörper annahmen.
Solange wir nicht mit dem »Verborgenen« in uns,
ANUBIS, bekannt geworden sind,
werden wir immer wieder vergessen.
Eine flüchtige Bekanntschaft ist nicht genug.
Er kommt in so vielen Formen,
in so vielen Masken,
und wir haben ihn schon so oft getroffen,
ohne ihn zu erkennen,
oder erst hinterher haben wir verstanden:
»O, das war er!«
Wenn er uns in unsere Träume begleiten kann,
warum sollte er uns nicht
auch in unser nächstes großes Abenteuer begleiten:
die Geburt in neue, unerhörte Jagdgründe.

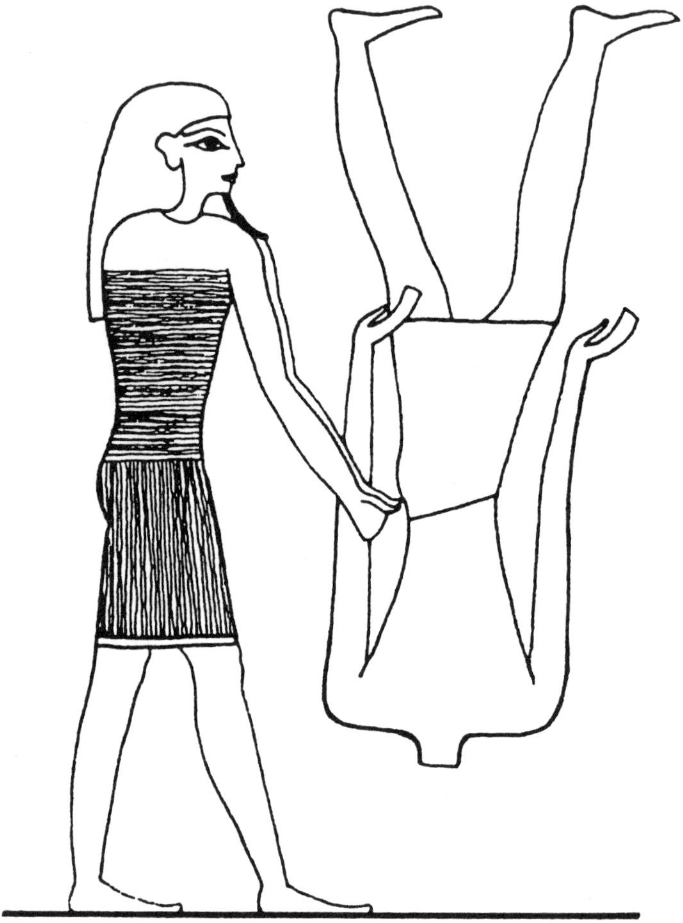

Aus dem Grab Ramses' VI.*

* Bibl. 28, I, Fig. 123

Entleeren des Körpers

Die großen Lehrer der Menschheit
versuchten alle zu erklären,
welche Beziehung wir zu unserem Körper haben sollten.
Doch umsonst.
Nirgends sonst ist der Mensch verwirrter, aber auch faszinierter,
unwissender, aber auch abergläubischer und ängstlicher,
als wenn er sich von dem toten Körper
eines seiner Lieben trennen muß.
Vom frommen Kannibalismus bis zum brutalen Verbrennen
oder langer Mumifizierung wurde alles versucht.

Diese Unsicherheit spiegelt einen schwierigen psychischen Prozeß,
den jedes menschliche Wesen durchmachen muß,
wenn es damit ringt,
sich von seinem Körper zu trennen.

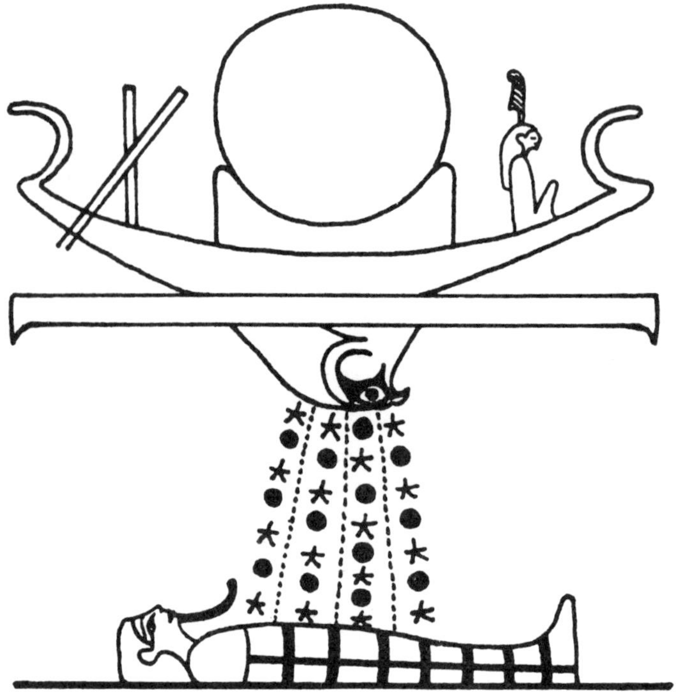

Aus dem Papyrus von Amun-em-saf*

* Bibl. 30–3

In Ägypten war es nicht nötig,
den Körper durch Mumifizierung zu erhalten;
der trockene Sand und das trockene Klima
sind perfekte Mittel zur Konservierung.
Doch es bestand die Gefahr,
daß alte Formationen sich weiterhin an ihre Hüllen anklammerten.
So wurde die Mumifizierung durchgeführt,
um den Körper von allen individuellen Inhalten,
physischen und psychischen, zu entleeren.
Das nebenstehende Bild zeigt nun den Prozeß des Verlassens
der materiellen Hülle.
Unsichtbar darüber,
aber immer noch in strahlender Kommunikation mit ihr,
schwebt und fährt unser Schwingungskörper,
unser Seelenschiff,
und entleert unseren physischen Körper sorgfältig
von all unserem Bewußtsein,
von allem, was den Sternen angehört.
Das kann nicht in ein paar Stunden geschehen.
Die Ägypter legten den toten Körper
siebzig Tage lang in ein Natronbad,
um den Prozeß zu aktivieren.
Was schließlich übrigbleibt,
ist eine leere Hülle:
ein lederner Sack in einem leeren Grab.

Aus dem Papyrus des Nesi-Pautiu-Taui*

* Bibl. 30, II, Papyrus 3

Entleeren des Herzens

Ungeachtet all der Erwartungen
eines schrecklichen »letzten Gerichts«,
geschieht nichts »Schrecklicheres«
am Anfang eines neuen Lebens,
als die Trennung von allem,
was uns schwer in Gedanken und im Herzen,
massiv und langsam in der Vorstellung,
zaghaft im Verhalten gemacht hat.
Deprimierende Ideen, Gefühle des Versagens,
Minderwertigkeitskomplexe,
störende biographische Negativ-Engramme –
hier ist der Ort, sie loszuwerden.
Die freundliche Hüterin des Tores
mag nichts lieber,
als all das nutzlose Zeug zu verdauen,
das wir im Leben angesammelt haben.
Kommt zu mir, die ihr müde und beschwert seid,
ich will euch erleichtern, bedeutet sie uns
und fächelt mit ihren Flügeln unserem Wesen zu,
und macht unser Herz leicht wie eine Feder.

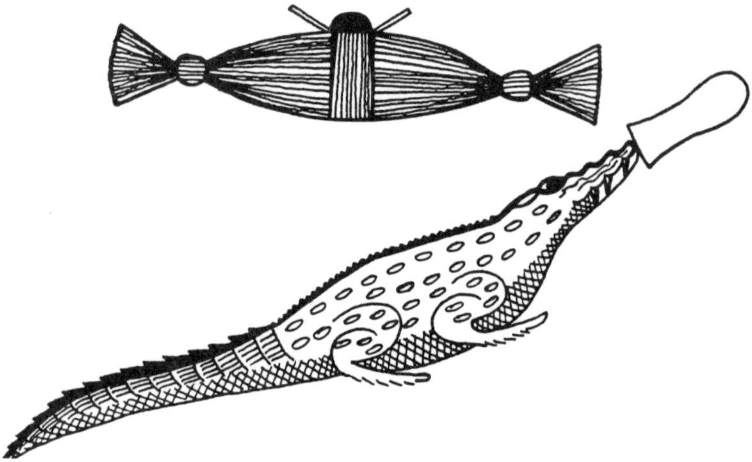

Aus dem Papyrus des Nesi-Pautiu-Taui

Der Behälter der Erinnerung
und das hungrige, aber zahme Krokodil

Nur Handgepäck

Wir befinden uns auf einer Reise durch die Zeit –
von einer Verkörperung zur nächsten.
Das Gepäck, das wir mit uns nehmen wollen,
ist sorgfältig vorbereitet worden.
Während einer langen Existenz
haben wir das Netz unserer sinnlichen Wahrnehmungen
in den Ozean des Lebens ausgeworfen,
und jedesmal kehrte es voll von Fischen zu uns zurück.
Meistens waren es kleine, die wir sofort ins Meer zurückgeworfen
oder dem Krokodil des Vergessens gegeben haben.
Aber die großen, die schönen
konnten wir in einem Korb zum Aufbewahren behalten,
damit sie immer noch lebendig sind,
wenn wir an unserem Bestimmungsort
am Ufer des neuen Lebens ankommen,
damit sie als unterschwelliges
oder potentielles Wissen in uns dienen,
das zu Unterstützung und Hilfe
bei der Entwicklung des neuen Lebens
gebraucht wird.

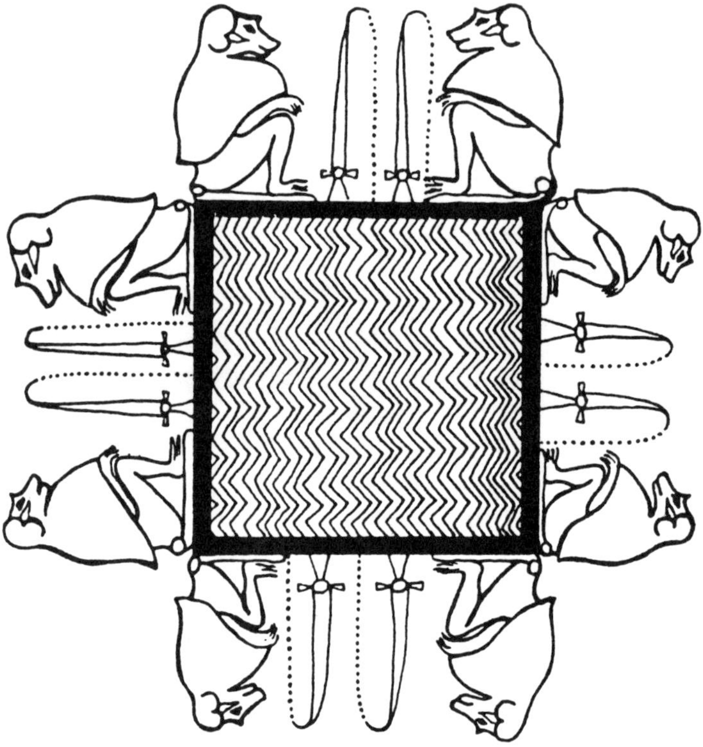

Aus dem Papyrus von Ta-Shed-Khonsu*

* Bibl. 30, I, Fig. 63

Das Bad der Erleuchtung

Dieses Lehrbild erscheint in vielen Papyri.
Sein geheimnisvoller Inhalt wurde von den Ägyptern
als »Der Feuersee« bezeichnet.
Acht meditierende Paviane umgeben ein Quadrat.
Der frühe Mensch wußte, wieviel er von den Tieren
in seiner Umwelt lernen konnte:
welche Pflanzen oder Früchte, Wurzeln oder Insekten
man essen konnte, wie man jagt,
wie man mögliche Feinde oder ein drohendes Erdbeben erkennt,
wie man ein Häuptling, ein König ist,
und schließlich, wie man meditiert.

Ungefähr ein Viertel der Hieroglyphen stellen Tiere dar.
Die heiligen Paviane waren der Prototyp oder Archetyp des Lehrers,
des »Wächters der Geheimnisse des Weges« –
ein Lehren, das nur im Schweigen stattfinden kann.
Zwischen den Lehrern stehen acht Lampen,
keine gewöhnlichen Öllampen, sondern geweihte Tempelleuchter.
Sie stellen die gezähmte, die kultivierte Flamme dar,
nicht dazu da, zu verbrennen, sondern Licht zu geben:
zu erleuchten.
Die acht Lehrer mit den acht Leuchtern
geben das heilige Lehren in alle Richtungen weiter,
wohin immer das Licht des Bewußtseins projiziert werden kann.
Die gute Nachricht ist, daß die leuchtende Vibration des Teiches
ein Segen und eine Einladung ist,
unter dem Schutz der Wächter
nach Belieben in ihn hinein und aus ihm heraus zu gehen.
Als Hüter der Geheimnisse
werden sie natürlich nicht verraten,
was dort gefunden werden kann.
Der Name dieses freudvollen, leuchtenden Bades ist:
»Komm herein und geh hinaus!«

Erinnern wir uns an das letzte Mal,
als wir im Licht »ertranken«?

Aus dem Papyrus der Her-Uben*

* Bibl. 30, I, Fig. 3

In den Armen der Ganzheit

Wir haben das Ziel unserer Reise* erreicht:
das Zentrum unseres Wesens,
in einer symbolischen Kurzschrift dargestellt
durch das Kind,
das wir alle in unserem innersten Selbst-Gewahrsein sind.
Unabhängig, sich aus seiner eigenen Substanz ernährend,
ist es von einer Schlange umgeben,
die sich selbst in den Schwanz beißt
und damit auf eine Bewegung hinweist,
die zu ihrem eigenen Ursprung zurückkehrt;
es ist umarmt und gewiegt in ewiger Sicherheit,
durch die mütterlichen Arme,
die wir niemals wirklich verlassen haben.

Die beiden Löwen sind unsere weibliche und männliche Vitalität,
die königlichen Lebenskräfte,
die wir für unsere nächsten Leben brauchen,
zusammen mit der bubalis**, dem mütterlichen Prinzip,
das für immer unsere Mutter sein wird.

»Ein- und ausgehend
ist unser Herz gleichermaßen glücklich.«***

* In einem anderen Papyrus, auf dem Bug einer Barke von Nisti-Ta-Nebet-Taui, steht geschrieben »gute Reise«.

** afrikanische Gazellenart

*** Bibl. 30, I, 3

3. **Vom goldenen Ei zum goldenen Ei**

Heimkehren in sein geheimes goldenes Ei

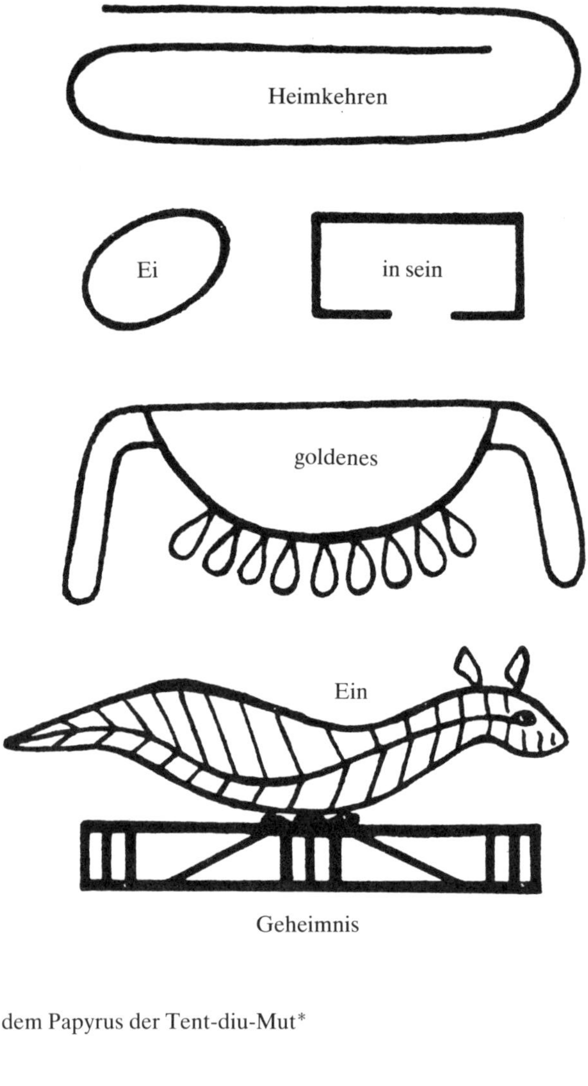

Aus dem Papyrus der Tent-diu-Mut*

* Bibl. 30, II, Papyrus 7

Aus dem Papyrus von Neferubenef*

Alle Gräber sind leer

Das große Geheimnis, daß alle Gräber leer sind,
ist der Inhalt dieses Bildes.
Drei Teile des Menschen werden dargestellt.
Der Schatten seines physischen Wesens
ist aus dem Grab herausgetreten.
Er mag sein Schattendasein noch lange Zeit führen,
ermutigt und in seiner alten Form gehalten von denen,
die ihn zu seinen Lebzeiten liebten und sich an ihn erinnern.
Sein Seelenvogel, sein Streben nach Schönheit,
Vollkommenheit und Freiheit schwingt sich auf,
um wieder einzutreten in die leuchtende Sphäre des Übermentalen,
die Welt der Neteru, von denen er herabgestiegen war,
um sich ins Leben zu involvieren.
Für die Ägypter waren die Gräber Häuser der Wiedergeburt.
In der Stille reift das goldene Ei,
der Samen für das nächste Leben in der Frucht dieses Lebens.
Die Hieroglyphen lauten:
»Er erscheint in Herrlichkeit, eine lebende Seele.«

* Bibl. 20/184

Aus dem Tempel Sethos' I.*

* Bibl. 25, Planche XLIX

Speiseopfer

In einem Zeitalter und in einem Land,
wo alles Lehren mit Symbolen begonnen wurde,
waren natürlich die sogenannten Opfer
für die Toten und die Neteru symbolisch.
Brot, Früchte und Fleisch an den Wänden der Gräber
waren gemalte Bilder,
und die rituellen Opfer waren Gesten –
nicht bloß physische Gesten, sondern essentielle Gesten,
die eine geistige Verbindung herstellten.
Es war ein beiderseitiges Geben
von essentiellen Inhalten.
Die Gegenwart der Ahnen und der Neteru war wirksam.
Dafür sorgten die Einladungen und die Speiseopfer.
Dann begann ein Fest, ein gemeinsames Jubeln:
der Mensch, seine Ahnen, seine Gottheiten –
das ganze Universum jubelte in wechselseitiger Resonanz.

Die Übung,
Brot und Fleisch
als Opfer für die Götter zu verwandeln,
transformiert unsere eigene physische Inkarnation in ein spirituelles Wesen.

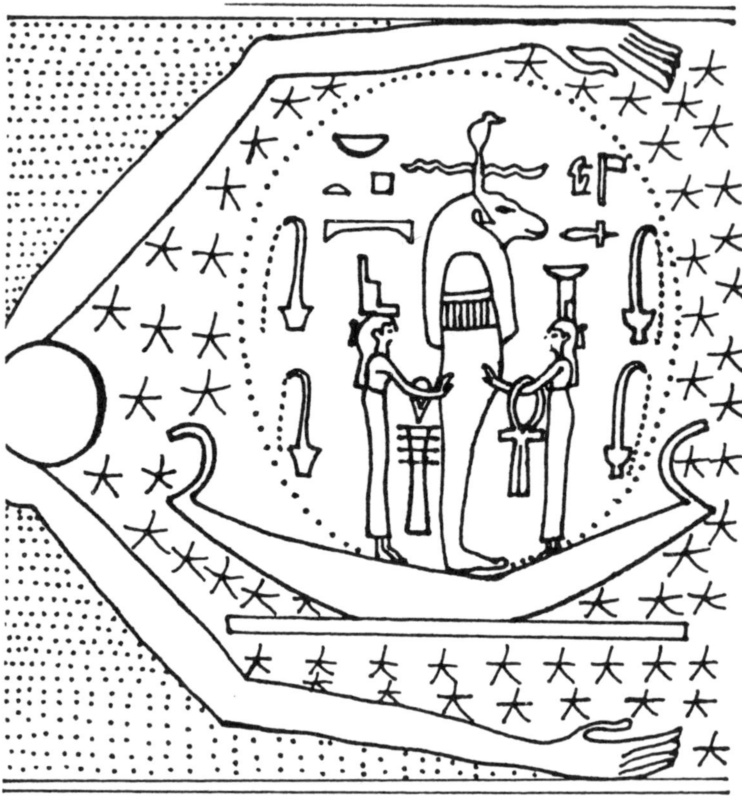

Aus dem Papyrus von Tentamun*

* Bibl. 31–3/Vol. 4, Fig. 5

Sitz der Macht

Die Frage »Was geschieht mit uns,
wenn wir uns unserer Haut entledigt haben?«,
wird in diesem Bild beantwortet.
Wir haben die Welt der Korpuskeln und Partikel verlassen –
auf der linken Seite durch Punkte dargestellt –
und wir reisen in unserem Seelenboot
in die Welt der Sterne, der Lichtwellen.
Unsere BA-Kraft in der Mitte ist gekrönt
durch ihre Fähigkeit, Tore zu öffnen (die Hörner),
während ihre Fähigkeit, zu fliegen,
in Gestalt eines Vogels auf den Hörnern sitzt.
Unserem BA wird von der Grundkraft des Sitzens, ISIS,
und unserer Gedächtniskraft, NEPHTYS,
geholfen, stehen zu bleiben –
eine stehende Welle.
Die Sphäre, in der wir reisen,
wird aus den Emanationen der vier Lampen gebildet:
unserem vierfach erleuchteten Selbst-Gewahrsein.
Während wir durch Zeit und Licht reisen,
bleiben wir in den mütterlichen Armen des Ganzen.
Gute Reise!

Detail aus dem Papyrus des Amon-hotep*

* Bibl. 30, I, Fig. 70

Die Sonnenbarke enthält
unser vergangenes und zukünftiges Werden,
auch unsere Perfektionen,
von denen nur ein kleiner Teil
in eine einzelne Inkarnation ausgesandt,
delegiert oder projiziert wird.

Sie hat uns durch geologische Zeitalter getragen,
von der Amöbe zum Menschen,
und sie wird uns vom werdenden
zum wahren Menschen tragen.

Ob wir uns auf unserem Seelenschiff
während der Evolution des irdischen Lebens
wohlfühlen,
hängt von unserer psychischen Vorbereitung ab.
Wir können jetzt gleich zu üben anfangen,
uns mit unserem Sitz der Macht zu identifizieren.

»Möge dein Platz weit sein
in der Barke ›Jahrmillionen‹.«

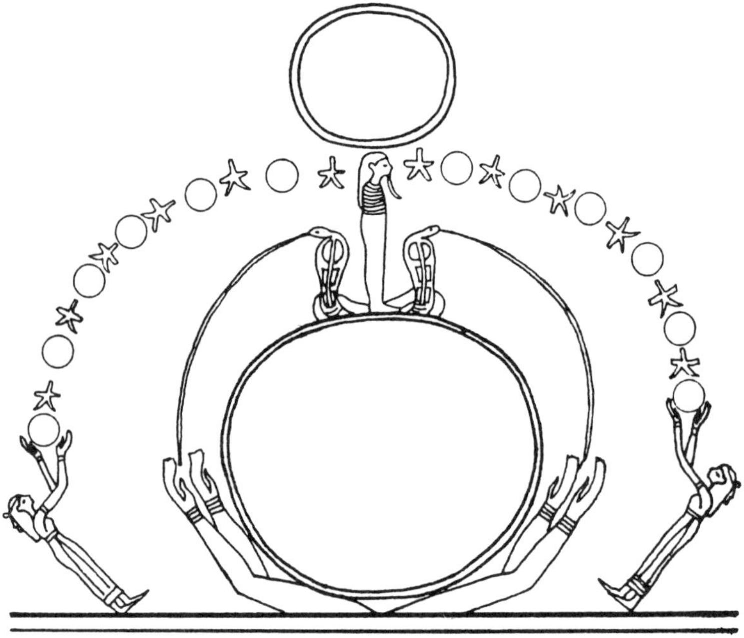

Aus dem Grab Ramses' VI.*

* Anmerkung 30 – Bibl. 28, I, Fig. 111

Wir sehen hier den oberen Teil des Symbols dargestellt:
ANKH: das ewige Leben und die ewige Wiederkehr.
Die Bewegung, die zu sich selbst zurückkehrt,
ist dreifach statt einfach,
sie schließt Denkwesen, Leben und Materie ein.
Auf einer größeren Kreisbahn erhebt sich der Mensch immer wieder
und legt sich immer wieder nieder,
entsprechend dem Symbol von Tag und Nacht,
Geburt und Wiedergeburt.
Alles ist auf die inneren Kreise konzentriert,
die von umfangenden Armen getragen werden.
Zwei Schlangen speien in den zweiten Kreis,
das Leben, das aus dem ersten gezogen wird.
Alles ist miteinander verbunden und aufeinander bezogen.
Zwischen den Schlangen und durch sie erneuert
steht ein Teil von uns auf dem Leben selbst
und erhebt sich zu den Sternen.
Man wird nicht nur ein Stern,
sondern man projiziert sich selbst immer höher und höher,
bis eine neue Ebene des Bewußtseins erreicht ist,
bis eine neue Vollkommenheit des Seins
die Sonnen-Gegenwart über unserem gegenwärtigen Leben
– eine gänzlich neue Selbst-Schöpfung – bestätigt.

Aus dem Grab Ramses' VI.*

* Anmerkung 31 – Bibl. 28, I, Fig. 97

Die Kunst des Wünschens

Diese beiden Personen,
von denen eine der anderen vorausgeht,
sind wir.
Sie haben keine Arme, denn ihr ganzes Handeln ist innerlich.
Unsere Aspiration, die aus dem Kopf der linken Gestalt hervorgeht,
ist aktiv,
indem sie Vorstellungen, Visionen,
Wünsche nach Vollkommenheit –
Sonnenbälle –
in die Zukunft schickt und sagt:
»Möge ich ein Seher der Geheimnisse des Universums,
der Herr meines eigenen Wesens sein.«
Dann erinnert sich unsere nächste Inkarnation (die rechte Gestalt)
an die vergangenen Aspirationen,
während sie die Formationen, die Sonnenbälle,
in ihrem größer gewordenen übermentalen Selbst-Gewahrsein auffängt.

Vom Tempel der Hatschepsut, Deir el-Bahri*

* Anmerkung 32 – Bibl. 5, S. 40

Metaschöpfung

Ein Königskind zu erschaffen, zu empfangen,
bedeutet immer eine Formation jenseits
über unsere gegenwärtigen Begrenzungen hinaus
und erfordert die volle Zusammenarbeit all unserer Seelenkräfte
und aller aufsteigenden Prinzipien in uns.
Das untere Bett stellt AKER dar,
das doppelköpfige Fruchtbarkeitsprinzip der Erde,
unsere materielle Hülle.
Auf diesem Bett sitzen die beiden NEITH, die Mütter
unseres jahrtausendelangen Sehnens und Strebens.
Sie sind es, die unsere Füße (unser BA) hochheben,
durch sie befinden wir uns nun auf einer erhobenen Ebene.
Mit den beiden gekreuzten Sonnenpfeilen,
die unsere »unio mystica« segnen,
dringt ihr Kopfschmuck in die Zukunft ein, in der wir sitzen.
Die beiden Eltern, die wir sind, tragen Kronen
und zeigen damit einen über dem Mentalen liegenden Zustand
des Selbst-Gewahrseins an.
Sie hauchen ihre gemeinsame Ekstase und gegenseitige Freude
einander ein
und erwecken im anderen
die noch nicht materialisierte oder inkarnierte Fähigkeit,
die Essenz künftigen Lebens zu werden.
So bewirken sie nicht eine bloße Fortsetzung,
sondern eine Schöpfung über und jenseits
ihres gegenwärtigen evolutionären Zustands.
Wenn die Evolution sich ihrer selbst bewußt wird,
wird ein göttliches Kind geboren.

Aus dem Grab Ramses' VI.*

* Anmerkung 33 – Bibl. 28, I, Fig. 6

Das goldene Ei

Wie ein Baum, der nach der Blüte Früchte trägt,
bereitet ein Mensch,
der seiner vergangenen und zukünftigen Leben gewahr wird,
sorgfältig und bewußt das goldene Ei
seiner nächsten Epiphanie vor.

Zwei Aspekte des mütterlichen Prinzips wiegen das Ei.
Der eine Aspekt ist ISIS, der leere Sitz:
unsere Bereitschaft und Fähigkeit,
neue Ideen, Ideale und Arten des Werdens
ohne eine Spur von Voreingenommenheit oder Vorurteil zu erkunden.
Der andere ist NEPHTYS, der Korb,
der das Heiligtum krönt:
sie beschränkt die Erinnerungen,
die wir von einem Leben
in das nächste mitnehmen können,
auf diejenigen,
die ausgewählt und in Freude verwandelt wurden
im Heiligtum der Ekstase.
Sichtbar im Ei sind wir selbst –
unser Sonnen-Ursprung
und unsere endgültige Vollkommenheit (der Kreis),
wie HORUS, das königliche Kind –,
entscheiden wir selbst es,
was wir in dem neuen Garten, in den wir eintreten,
spielen werden.

Ein anderer Stern-Diener vom Tempel in Dendera*

Wenn wir einmal Bekanntschaft gemacht haben
mit der Ganzheit, die wir sind,
und mit all den freundlichen Helfern, die sie enthält,
können wir,
vorausgesetzt, daß wir keine äußere projektive,
sondern eine innere Beziehung zu ihnen haben,
nicht nur von Geburt zu Geburt,
sondern geradewegs »von Freudenfest zu Freudenfest« schreiten.

* Bibl. 36, S. 178

V Von Freudenfest zu Freudenfest

*So tanzen wir mit unserem Freudenkörper**

* Bibl. 16, S. 445-32

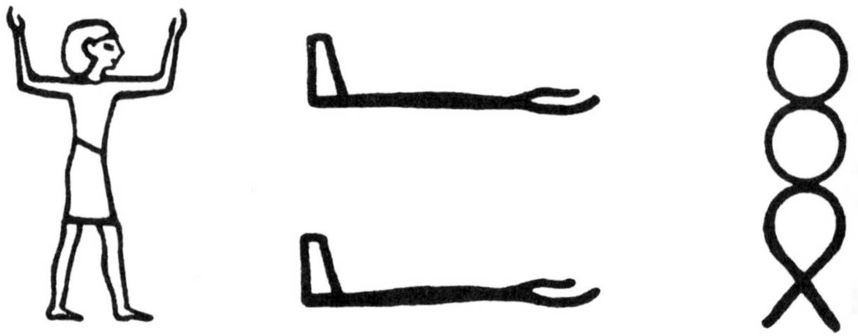

Bilderschrift für Jubel*

* Bibl. 15, S. 154

Unser Name

Jahrtausendelang
haben die größten Künstler Ägyptens versucht,
uns den Weg
von der einzigen Frage
zur einzigen Antwort
zu zeigen,
die unserem Leben
einen Sinn geben kann:
»Wer bin ich?«

Vom Tempel in Heliopolis*

* Bibl. 32, S. 138

Hier wird der Baum des Lebens gezeigt,
der Stammbaum einer wahrhaft großen Familie,
von der wir ein Teil sind.
Wir müssen unseren Namen entdecken,
nicht den Namen,
mit dem uns die Leute rufen,
sondern unseren wirklichen Namen,
den Namen, mit dem wir uns selbst rufen
und den wir auf ein Blatt dieses Baumes schreiben sollen.

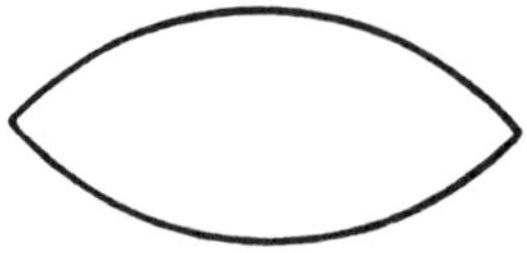

r: die vibrierende Saite
unserer individuellen Resonanz

n: die ursprüngliche
universale Energie

So haben die Ägypter
das Wort »rn*« geschrieben,
welches »Name« bedeutet.
Wenn wir unsere individuelle Vibration erkannt haben,
mit der wir in das Universum hinausrufen,
und sie als Echo zurückkommt,
kennen wir unseren Namen.

* Bibl. 15, S. 150

Es gibt nichts Dringenderes,
nichts Wichtigeres für uns in diesem Augenblick,
in diesem Leben,
als unseren Namen zu finden,
der auch unser globales Programm ist,
unsere Aufgabe auf der Erde,
unsere Berechtigung, zu sein,
und unser Paß für die Ewigkeit.

Wer bist du?

Die Gestalt, wie in allen Pharao-Bildern,
sind wir.
Die Krone AMUNs, die wir tragen,
bezeichnet einen ganz besonderen und seltenen mentalen Zustand.
Die Doppelfeder zeigt,
daß unser individuelles Wahrheitsbewußtsein
mit dem kosmischen vereint wurde.
Unsere individuelle Rolle,
unsere Einzigartigkeit,
ist verschmolzen mit dem Programm all dessen,
was ist,
mit der Ganzheit von allem.

Und in diesem Bewußtseinszustand
schreiben wir unseren Namen:
unser Piktogramm,
mit dem wir uns selber rufen,
unsere Ruf-Nummer.

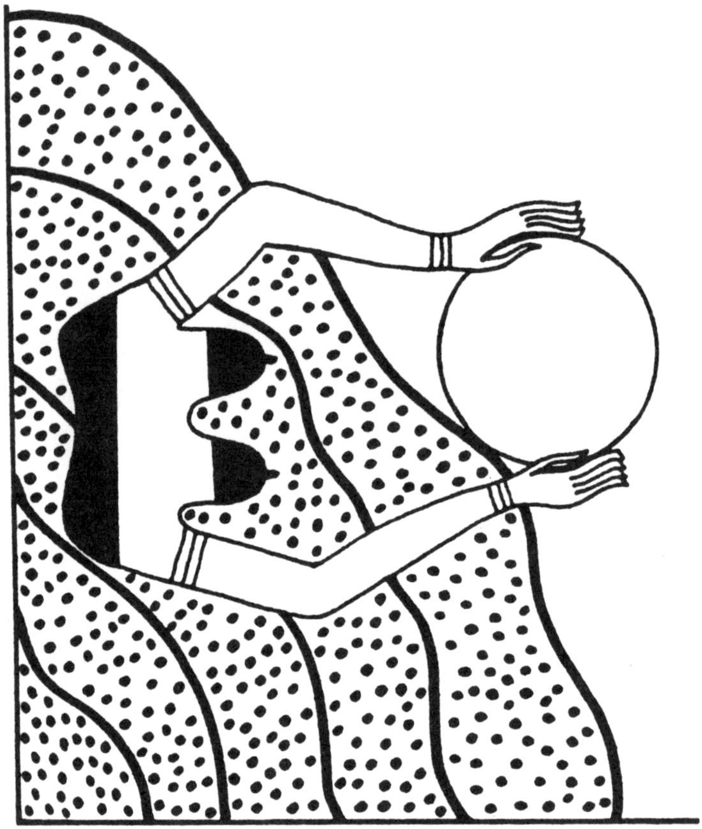

Aus einem thebanischen Grab*

* Bibl. 6–2/Frontispiz

Der Kampf ist vorüber

Was könnte der nächste Schritt auf der Leiter zur Freiheit sein?
Nun, da wir König sind,
der unumschränkte Souverän in unserem eigenen Königreich,
oder vielmehr,
wie würde die Freiheit
unseres inneren Weges
sich in der äußeren Welt,
in der Umgebung und der menschlichen Gesellschaft ausdrücken?

Zu unserer großen Überraschung
ist die Wichtigtuerei,
mit der der Nichtsouverän in uns
den Problemen dieser Welt begegnet,
verschwunden.
Mit der Befreiung des inneren Wesens
hat die äußere Wirklichkeit
den Aspekt des Feindbildes verloren.
Wir brauchen nichts zu bekämpfen.
Die Welt empfängt uns wie eine Mutter ihr Kind.

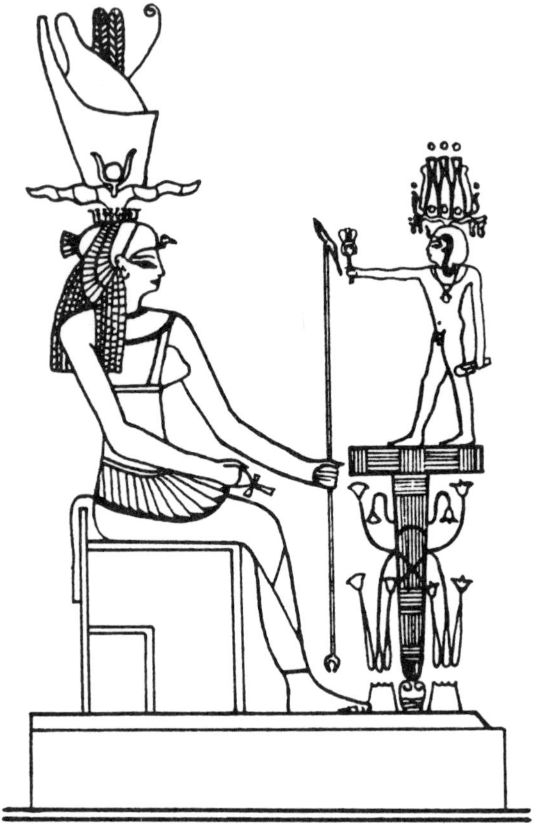

Vom Tempel von Dendera*

IHY, das ewige Kind

Dieses Bild zeigt die Mutterschaft des Universums,
wie sie auf dem dreifachen Thron der Wirklichkeit sitzt,
eine siebenfache Krone trägt,
die die verschiedenen Aspekte ihrer höchsten Herrschaft vereint,
und den Schlüssel des Lebens
und den Stab der Seligkeit hält.

* Bibl. 32, S. 249

Ihr gegenüber steht IHY,
mit der Haartracht eines königlichen Prinzen,
auf ihre Augenhöhe durch ein Podest erhöht,
und trotz seines Kind-Seins,
das durch seine Nacktheit betont wird,
die vielfache ATEF-Krone des Vollkommenen tragend (S. 173).
Seine Selbst-Erziehung
besteht im Stimmen seines Sistrums
mit der Harmonie und kosmischen Seligkeit,
die seine Mutter ausstrahlt.

Demgegenüber erscheint die einseitige mythologische Chiffre
vom »alten Mann mit weißem Bart« –
ohne Hinzunahme der einstigen großen Göttin –
auf dem »dreifachen Thron der Wirklichkeit« –
kaum geeignet
für ein Erziehungsmodell psychischer Gesundheit.
Das heutige Erziehungsideal ist,
Kinder so früh wie möglich
erwachsen werden zu lassen.
In der Psychologie dagegen ist »das ewige Kind« im Menschen
ein zentrales Thema.
Das Ziel der Evolution ist nicht,
vergreiste Langlebigkeit hervorzubringen,
sondern vielmehr ein fortdauerndes schöpferisches Kind-Sein
zu begünstigen,
psychisch das Kind-Sein zu bewahren.

Für neue Ideen empfänglich zu sein,
selbst im hohen Alter,
ist das Ideal der Zukunft.
Wieder einzutreten in den Besitz unserer Fähigkeiten,
zu spielen, zu wachsen, zu tanzen,
unsere Meinung zu ändern,
zu staunen, zu suchen, zu fragen,
immer neue, unentdeckte Wunder zu finden,
den ewigen Garten,
das Universum zu genießen
und in ihm das ewige Spiel zu leben,
immer wieder geboren zu werden –
diesem wird ein Durchbruch in ein neues »Dharma«,
in ein neues Ethos folgen –
das des ewigen Kindes.

Aus einem Grab in Memphis*

* Bibl. 32, S. 34

Freudenfest

Wir gehen täglich
durch verschiedene Zustände von Bewußtsein.
Da gibt es einen Zustand des Tiefschlafs,
einen Zustand des Traumschlafs
und den Wachzustand des Seins.
Man könnte fragen,
was kommt als nächstes auf der Leiter des Seins?
Etwas wie überwach?
Hier ist ein Bild davon.
Nennen wir es Freudenfest
(ein Zustand des Jubels).

Bezeichnend für den Menschen unserer Zeit ist es,
daß er glaubt,
er müsse die Gesellschaft und die Umwelt verbessern,
indem er sich ständig einmischt
und sie verändert.
Eine andere Haltung
würde als moralisch nicht vertretbar gelten.
Aber so war es nicht immer.

Die fundamentale Haltung einer alternativen Seinsweise ist,
Universum, Natur und Landschaft
so unverändert wie möglich zu lassen.
Der geheime Grund dafür liegt
in einer vollkommenen Zufriedenheit
mit dem Universum und sich selbst
– so wie es ist.

Jubilieren als Methode des geistigen Fortschritts
ist fast völlig unbekannt in unserer Kultur.
Wir müssen sogenannte primitive Gesellschaften aufsuchen
oder in primitive Zeiten zurückgehen,
um Menschen zu finden,
die beide Arme in Jubel erheben.
Stellen wir uns ein Land oder eine Periode in der Geschichte der Menschheit vor,
in der es Feste des Jubels gab!
Es war eine psychologische Übung.
In der Vulgarität und kommerziellen Ausbeutung unserer Feste
ist die Möglichkeit,
daß es eine spirituelle Übung der Freude sein könnte,
verlorengegangen.
Aber Freude ist etwas, das geübt werden kann.

Wir haben bereits im »Netzauswerfen« gelernt,
wie wir und unser Herz Partner im Spiel der Freude sein können.
Nun müssen wir einen Schritt weiter gehen.
Um den Zustand des Jubels erreichen zu können,
muß unsere ganze Umwelt, das Universum, daran teilnehmen.
Natürlich gibt es verschiedene Grade der Intensität.
Die Gestalt auf dem Bild trägt nicht nur ihre Kronen,
sondern auch in jeder Hand ein Gefäß,
das »Alles« bedeutet.
Jedes Gefäß wird überdacht durch das Zelt
des königlichen Freudenfestes,
und auf seinem Dach,
fröhlich wie wehende Fahnen,
befinden sich Kaulquappen,
von denen jede für die Zahl 100000 steht.
In diesem Augenblick ist eine Sekunde so intensiv und erfüllt
wie 100000.

Die großen Lehrer der Menschheit wußten,
daß die Antwort auf ein vor Freude vibrierendes Universum war,
sich selbst in einen Zustand der Resonanz mit ihm zu versetzen.
Dazu war es nötig,
den Körper des Jubels zu erwecken,
der unseren physischen Körper umhüllt.

Das Ritual, das die Überreichung des Halsschmucks
durch HATHOR, den Neter der Liebe, begleitete,
verdeutlicht, daß sie dem Jubelnden
ihre Umarmung und den Schutz ihrer Freude gewährt.

Der Halsschmuck war ein verbreitetes Merkmal
für Männer und Frauen schon in prähistorischen Zeiten.
Die »aegis« der Pallas Athene ist das bekannteste Beispiel.
Es überlebt noch in der heiligen Schnur im Hinduismus,
im Pallium des katholischen Priesters
und in einigen Ehren- und Ordensbändern in Europa.

Wie alle Dinge, die wir tragen, ist es ein Lehrsymbol.
Der Halsschmuck, der uns umarmt, ist eine Erinnerung
an die Umarmung durch die höheren Teile von uns selbst,
die wir von Zeit zu Zeit fühlen können,
wie sie uns mit ihrer sanften, warmen Gegenwart schützen.

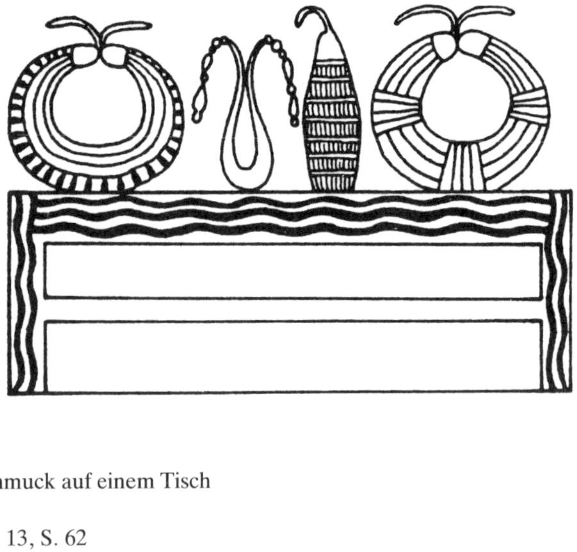

Halsschmuck auf einem Tisch

* Bibl. 13, S. 62

Unser erster bewußter Kontakt
mit dem Kausalkörper,
unserem Freudenkörper,
kann wie die »aegis« der Pallas Athene erfühlt werden.

Wenn in Ägypten der Pharao den Halsschmuck,
genannt »der Bleibende«,
feierlich einem Würdenträger überreichte,
war das eine Einladung zu dieser Begegnung
oder ihre Bestätigung.

An die Gegenwart des Freudenkörpers
wurde auch erinnert
durch die Überreichung eines zeremoniellen Mantels,
einer Art Umhang an den Jubelnden.

Es wäre nutzlos, mehr zu sagen.
Bereiten wir uns auf unser Freudenfest vor.
Jede Sekunde unseres Lebens wurde uns gegeben,
um unsere Fähigkeit, Jubeln zu üben,
Segnungen in Seligkeit zu verwandeln
und unser Leben zu einem ewigen Fest zu machen.

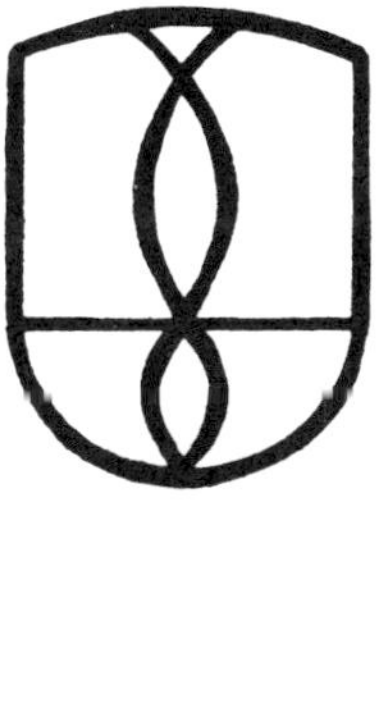

Hieroglyphe »Fest«* in Verbindung mit dem Jubiläum des Königs

* Bibl. 16, S. 528-4

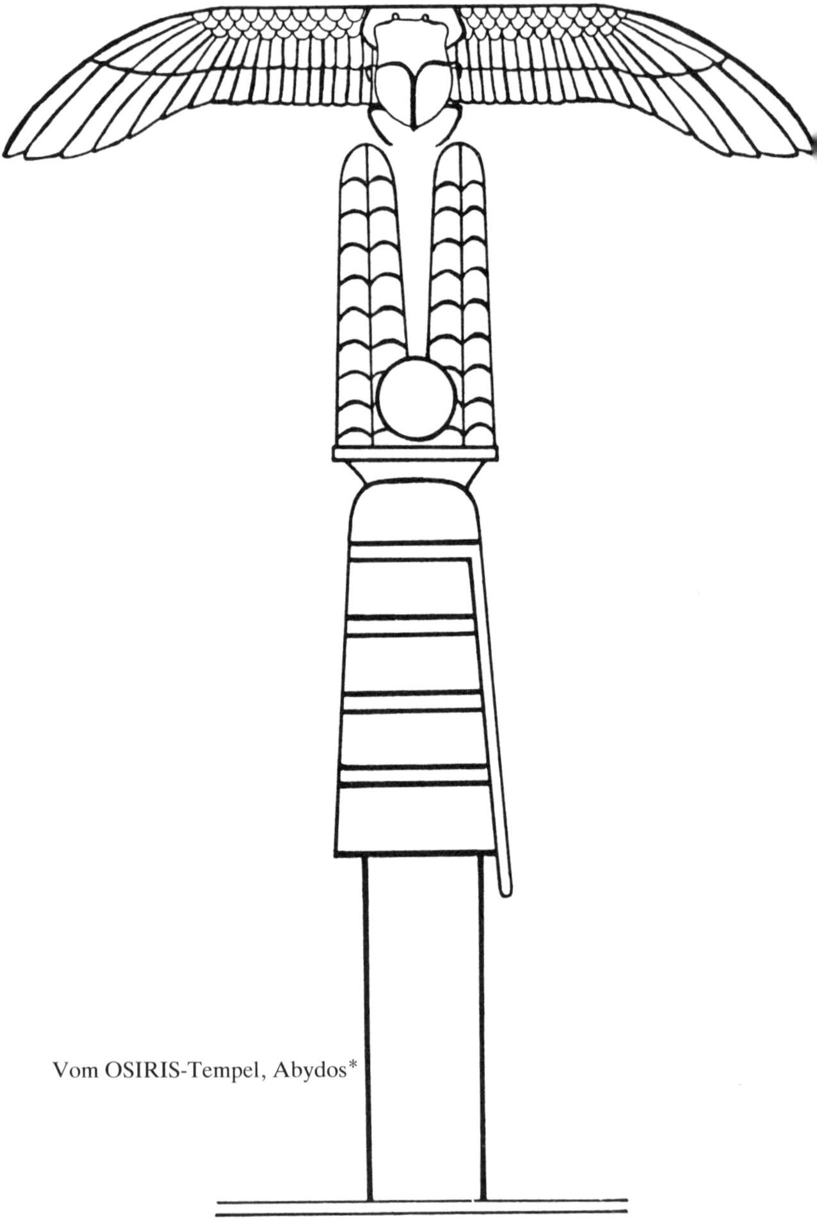

Vom OSIRIS-Tempel, Abydos*

* Bibl. 32, S. 234

Die große Freudensäule

Die große Freudensäule, auch Abydos-Säule genannt,
steht wie eine Endstation am Weg des HORUS.
Als letztes Wegzeichen wiederholt
und bestätigt es alle anderen in einem majestätischen Symbol
und verabschiedet den Schüler,
der dem Pfad folgte.
Von hier an führt der Weg aufwärts,
in die Einsamkeit unserer Ganzheit.

Lesen wir kurz die Botschaft vom Fuß bis zur Spitze.
Der Grundstein, der Menhir, die physische Welt,
wiederholt die Weisung:
Stehe in Freude!
Der Bienenstock, symbolisch für unser Leben,
für Herz und Gefühl, ist eine Einladung,
den Nektar der Dinge,
Wesen und Ereignisse zu sammeln
und alles in den Honig der Freude zu verwandeln.
Das Kapitell der Säule erhebt sich
als eine Grundlage einer neuen Überstruktur
und erinnert uns daran,
daß unser Kopf, unser zerebrales Bewußtsein,
nur eine Stütze für das wunderbare Spiel ist,
das oberhalb stattfindet:
Der Sonnenaufgang des wahren Selbst-Gewahrseins,
das Spiel mit den unvergänglichen Kräften in uns,
das Ausbrüten des leuchtenden Eies –
um höheren Spielarten des Seins zur Geburt zu verhelfen.

Dann richten zwei erektive Doppelfedern
ihre sensiblen Fühler
wie eine vierfache Himmelsleiter auf,
Symbole neuer Fähigkeiten der Einfühlung
und Kommunikation mit der neuen Welt,
die sich uns eröffnet,
um ihre vielfarbigen Stufen der Freude
zu empfangen und auszustrahlen.
Über diesem psychologischen Totempfahl
und jenseits unseres menschlichen Ursprungs –
uneingeschränkt durch unser Jetzt-Sein –
breitet schließlich unser ewiges Werden
(symbolisiert durch den Skarabäus)
seine Flügel aus,
hinein in die Freude der ewigen Selbst-Erschaffung.

Die Säule bedeutet vielerlei:

groß; Bibl. 16, S. 496–29

fest, ertragen, ausdauernd; Bibl. 16, S. 502–11

Fahnenstange,
Freude der Verwirklichung; Bibl. 16, S. 495–28

Säule,
Leuchtturm; Bibl. 10, II, CXXXII

Wir nennen die Abydos-Säule die große Freudensäule, weil sie den Bienenkorb enthält, darinnen das Herz des Osiris ist. Es ist eine psychologische Säule, die physisch nicht existiert.

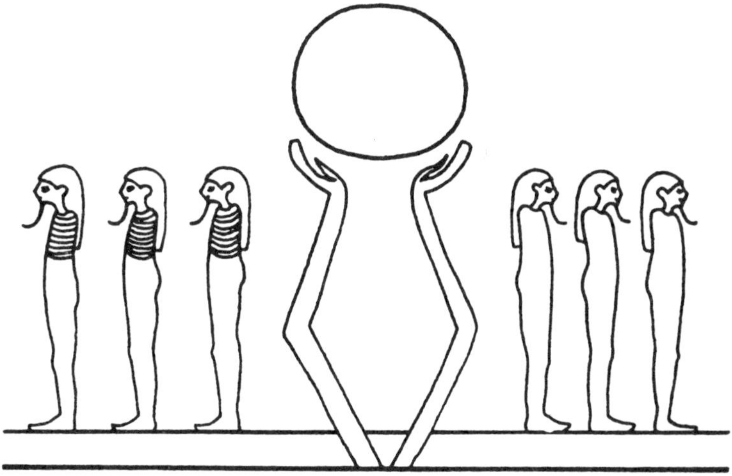

Aus dem Grab Ramses' VI.*

Jetzt

Jetzt ist der Augenblick,
in dem die Ganzheit der Zeit
mit all ihrer Vergangenheit und ihrer Zukunft
in unseren Händen liegt.

Gerade jetzt wird unser Selbst-Gewahrsein
und die ganze Welt
in unsere Hände neu geboren.

Jetzt halten wir es.
Alles ist erfüllt –
jetzt.

* Bibl. 28, I, Fig. 101, 40

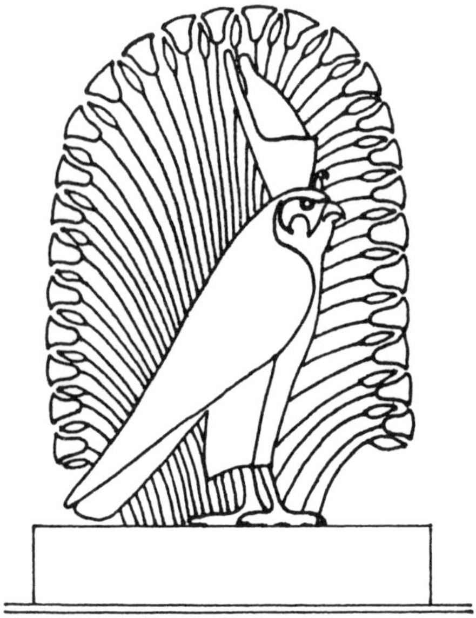

HORUS, versteckt im Papyrusdickicht,
im Leben um uns her*

Banner, das verkündet: »HORUS bis zum Ende«, aus Abydos**

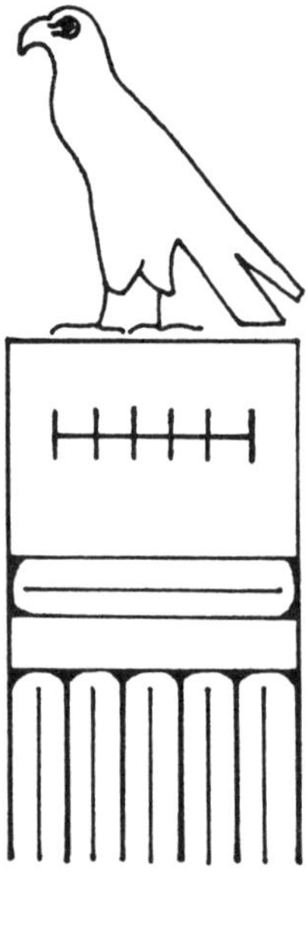

* Bibl. 33, S. 158
** Bibl. 17, S. 30

VI Von Multiversen zum Universum und zurück

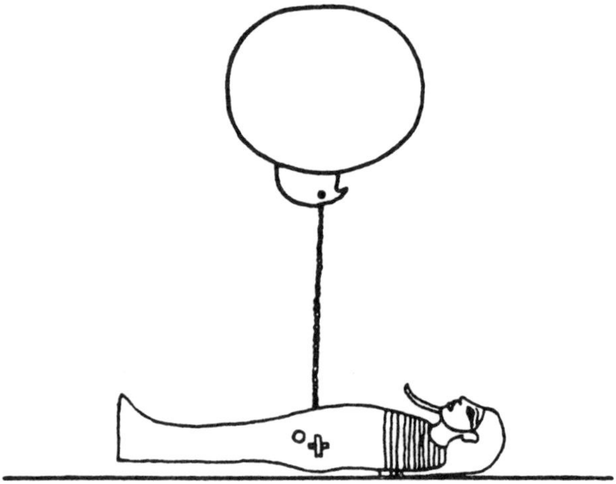

Aus dem Grab Ramses' VI.*

* Bibl. 28, I, Fig. 89

Bevor der Leser noch einmal den Bilderweg geht,
sollte es klar geworden sein,
daß die Wirksamkeit eines lehrenden Bildes
von unserer Interpretation der Symbole abhängt.

Ein Symbol ist nicht nur Wort
und sollte nicht allein durch verbale Übersetzung
oder eine einzige Definition eingeengt werden.
Zum Beispiel kann ein einfacher Kreis
als Ding aufgefaßt werden,
oder auch als Zusammenstellung von Dingen:
als Ring oder Kreis von Menschen oder als Kreisstadt.
Wer Ägyptologie studiert, weiß,
daß der Kreis als Hieroglyphe für den Gott RE,
aber auch für die Zeit steht.

Man sollte sich zur Regel machen, Symbole als Lehrübungen
zu verstehen,
und während wir üben,
sie immer weiter werden zu lassen.
Dann werden auch die Antworten, die wir bekommen,
immer weiter werden.
So wird ○ eine fundamentale Bewegung
unseres Selbst-Gewahrseins,
eine Struktur der Wirklichkeit,
die sich in unserem Geist spiegelt,
eine zyklische und wiederkehrende
oder orbitale Bewegung in Raum und Zeit.
Ein Zurückkommen an unseren Ursprung,
eine Wiederkehr in unsere Fülle,
eine Bewegung, an der alle Dinge teilhaben.
Wenn wir all das im Gedächtnis behalten können,
dann wird die Antwort,
die wir auf unseren Ruf in die Ganzheit bekommen,
Ganzheit sein für unser Bewußtsein,
für unsere Art zu denken und zu leben.

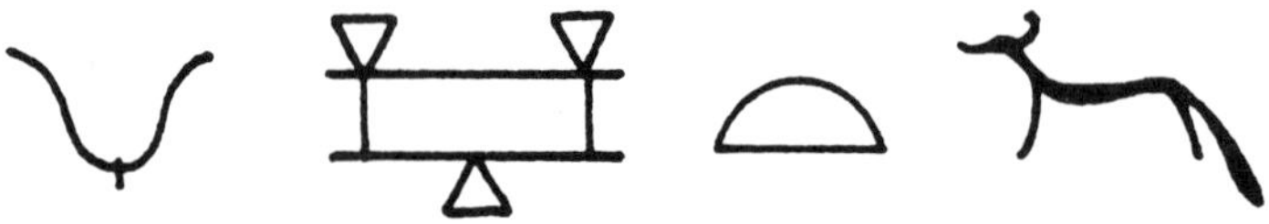

Hieroglyphen »der Öffner des Weges«*

* Bibl. 10/I, S. 162

Lehrende Paradigmen

Wenn wir diese Bilder mit einem
neuen Verständnis betrachten,
wird es vielleicht für einen Augenblick
in der Zeit möglich sein,
in dem gleichen Universum zu leben,
in dem die Schöpfer dieser Bilder lebten,
einem Universum, in dem alle Dinge lehrende Paradigmen,
verschiedene Bewegungen des Selbst-Gewahrseins waren,
von RE, der Sonne, bis CHEPER, dem Mistkäfer,
und MEHEN, der Schlange.
Sie waren keine äußeren Dinge oder Wesen,
sondern Beweger in uns,
die unsere Bewegungen auf dem Weg des HORUS einleiteten.
Gerade noch lebten wir in erschreckender Entfremdung
in einer Welt sinn- und bedeutungsloser Dinge,
und plötzlich, wie in einem Märchen,
haben sie sich alle in Freunde und Lehrer verwandelt,
die uns den Weg heim zu uns selbst zeigten.

Einen Augenblick lang in der Zeit,
den wir nie vergessen werden,
war der Sonnenaufgang unser Aufgang,
und das Fliegen des Vogels war unser Fliegen,
und der Weg des HORUS waren wir selbst
auf dem Weg zu unserer eigenen ewigen Wirklichkeit.

Aus dem Grab des Sen-nedjem*

* Bibl. 16, S. 473–48

Die Eroberung der Zeit

Hier ist ein Bild aus dem Grab des »geliebten Bruders« in Deir-el-Medina.
Der Mann in der Mitte trägt keine Krone,
kein sichtbares göttliches Attribut.
Er ist offensichtlich ein Reisender wie du und ich.
Es wird gezeigt, wie er aus einer Landschaft
mit zwei Bäumen herauskommt,
die unser evolutionäres Umfeld darstellen,
den Baum des Lebens und den Baum des Wissens,
stellvertretend für alle Bäume,
deren Schutz jeder Pilger nun hinter sich lassen muß.

Ein Kreis steigt über den Bäumen auf,
hier ein Symbol des Horizonts dieser Landschaft und seiner Bewohner,
mit dem eingeschlossenen mentalen Garten seiner Kindheit.
Der Kreis hat keinen Mittelpunkt mehr,
weil der Pilger sich nicht länger mit ihm identifiziert.
Er sitzt auf einer Kuh (als buntscheckig gekennzeichnet),
Symbol des mütterlichen Prinzips des Universums,
zugleich ISIS, der Sitz, und HATHOR, das Haus.
So wird er von der bunten Vielfalt
zur höchsten Wahrheit getragen.

Er verwandelt sich nun in eine Form, die ihm ähnlich, aber größer ist
und einen Tierkopf hat.
Er findet sich auf der Hieroglyphe »Wahrheit«,
einem Podest als Grundlage, sitzend,
in gleicher Haltung und in gleicher Kleidung wie auf der Kuh.
Aber sein Kopf ist ein Falkenkopf wie der des HORUS,
mit den Augen und dem Gewahrsein des Sehers.
Seine evolutionäre Vergangenheit in der Form einer Schlange,
die einen Kreis über seinem Kopf bildet,
hilft ihm zu sehen.
Der Sucher tritt in den vollen Besitz der dynamischen Krone
des ewigen Anfangs und der ewigen Wiederkehr ein.
Ein eindrucksvolles Bild
mit einer ehrfurchtgebietenden, starken und klaren Wirkung
auf den Schüler der Wahrheit,
der versucht, ohne Unterbrechung seine eigenen Möglichkeiten,
seine eigenen transformierenden Kräfte zu üben.

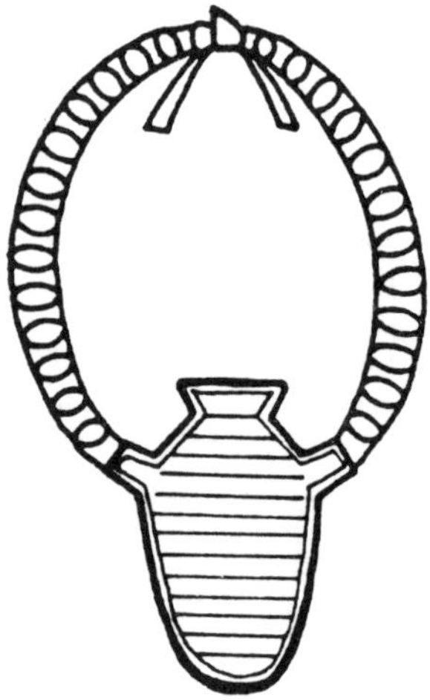

Das Herz, die innere Absicht,
umarmt die Ganzheit*

* Bibl. 26, S. 34

Wahrheitsuniversum

Die Bilder haben uns den Weg gezeigt
von einem Universum, in dem wir
»von Staub zu Staub« verloren zu sein schienen
zu einem Universum,
wo wir alle RE sind,
das strahlende Zentrum von allem.
Ob wir im Himmel oder in der Hölle sind,
hängt davon ab,
welchem Bild wir erlauben, uns zu begleiten,
dem richtigen oder dem falschen.
Die falschen Bilder von uns und unserer Umgebung zurückzuweisen,
ist eine fortwährende Übung,
die richtigen zu umarmen, ist eine freudige nicht endende Entdeckung.

Das Universum, in dem wir leben,
ist nicht das Machwerk irgendeines Schöpfers außerhalb,
sondern wir selbst haben es so gewählt,
wir selbst haben gesagt:
»Es werde . . .«
Dasselbe Gesetz der Schwerkraft
macht das Universum schwer für den einen
und leicht für den anderen,
macht es zu einem Tal der Tränen für den einen
und zum Garten des Entzückens für den anderen.

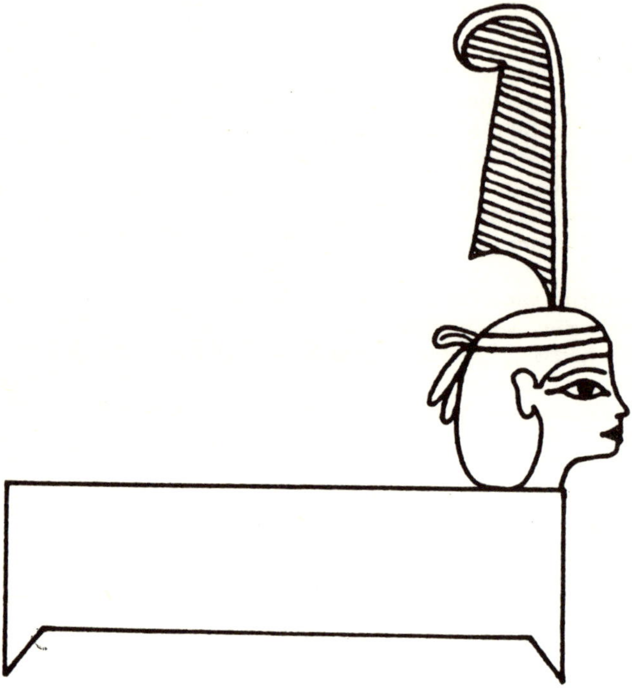

Die Wahrheit,
die jenseits des mentalen Horizonts entdeckt werden muß.
Aus dem Papyrus des Khonsu-mes*

* Bibl. 24, Abb. 18

Tatsachen sind Bausteine –
Milliarden von Tatsachen.
Aber die Tatsachen, die wir sorgfältig sammeln und hegen,
gehören uns,
sind Teile unserer Individualität.
Wie wir sie zusammensetzen,
ist unsere private Schöpfung.

Von all den Dingen,
die wir gemäß unserem inneren Programm,
unserer Sehnsucht und unserem Ziel
in unsere Gedächtnistaschen stecken,
wollen wir unsere Wahrheit hautnah behalten.
Schätzen wir sie als unsere Braut oder unseren Bräutigam,
als Gefährtin oder Gefährten,
nicht als irgendeine Göttin oder irgendeinen Gott
in irgendeinem weit entfernten Wohnsitz.

Sondern erinnern wir uns:
Die Wahrheit, die wir gewählt haben,
ist die Wahrheit, die uns gewählt hat,
lange bevor wir geboren wurden.

Hieroglyphe »Nest«*

* Bibl. 30, II, Papyrus 17

Der erlösende Stoß

Wir haben unsere Leser der ägyptischen Bilderwelt ausgesetzt,
um ihre Fähigkeit zum freien Flug,
zu ihrer ursprünglichen Wahrheit zu üben.

Eine Lehre – jede Lehre – ist ein Nest.
Solange wir an diese Lehre gebunden sind,
sitzen wir in diesem Nest.

Aber vielleicht wird eines dieser Bilder
uns aus dem Nest herausstoßen.

Und wir werden HORUS
im freien Flug,
der alles mit seiner Seligkeit segnet.

Aus dem Papyrus von Neb-seni*

Das letzte Betrachte-dich-selbst-Bild dieser Sammlung
stellt eine Zusammenfassung
des psychologischen Lehrens des Goldenen Zeitalters dar.

* Bibl. 26–2/I, CXXIII

Das Traumschiff und der Weltenturm

Aus dem Ozean des Lebens und der Seligkeit
hebt die Aspiration das Schiff der Abenteuer hoch.
Seine acht Ruder
sind seine physischen und mentalen Sinnesorgane,
die für Stabilität und Orientierung sorgen.
Der sich aufbauende Turm steigt mit seinen sieben Stufen empor
durch die sieben Königreiche
und wird der Sitz der Transzendenz,
die wortlose Übung des kosmischen Bewußtseins,
das Paradox des »Ich-bin«-Bewußtseins.
Schiff und Turm vereinen
in ihrer gemeinsamen Bewegung
den Drang des Menschen
nach den unendlichen Höhen.
Zusammen
stellen sie die unwiderstehlichste all unserer Kräfte,
die Quintessenz aller menschlichen Gebete dar:
alle Trennung zu negieren,
die Erde emporzuheben
und den Himmel herabzubringen.

Siehe, das bist du!

Nachwort

Als langjähriger Freund der Autoren dieses Buches, Medhananda und Yvonne Artaud, und der Herausgeberin der Reihe »Psychotherapeutische Konzepte«, Ursula Eschenbach, hatte ich bis heute unschätzbaren Anteil an deren innerem Reichtum und ihrer schöpferischen Kraft. Von beiden Seiten bekam ich entscheidende Orientierungshilfen auf meinem eigenen Wege, was mich stets mit Dankbarkeit und Freude erfüllt. Vor diesem Hintergrund war es nicht schwer, Fäden zu knüpfen zwischen den im Umfeld des Sri Aurobindo Ashrams in Südindien lebenden Autoren dieses Buches und der Herausgeberin der »Psychotherapeutischen Konzepte«. Sowohl vom Inhalt dieser Arbeit als auch von der Art ihrer Darstellung gab es gegenseitiges inneres Verständnis und viele Gemeinsamkeiten.

Als Katalysator für die Herausgabe dieses Buches im deutschen Sprachraum hatte ich gemeinsam mit Ursula Eschenbach die Aufgabe übernommen, das Manuskript, das in der Übersetzung vorlag, nochmals einer kritischen Durchsicht zu unterziehen. Vor allem galt es, im psychologischen Vokabular, das auf Sri Aurobindos Schriften beruht, und den Jung'schen Termini einige Brücken zu bauen.

Die vorliegende Arbeit war nach Auffassung der Autoren eigentlich für Kinder gedacht – sie fragen etwas und die Antwort gibt das Bild. Die Heilwirkung liegt im Bild und nicht im Wort. Indem man rationalisiert, verliert das Bild an therapeutischer Heilkraft.

Es geht in diesem Buch also nicht darum, die Ratio anzusprechen, sondern Bilder zu zeigen, die uns heilen und zu unserer Ganzwerdung führen. Diese Bilder wollen weder mit unserem Intellekt noch durch mythologische Erklärungen verstanden werden, sondern sollen angeschaut werden, um auf uns zu wirken, um uns zu heilen.

Sie sind gleichsam psychologische Koans. Im alten Ägypten sind alle Hieroglyphen Symbole (und alle Symbole sind Hieroglyphen). Jeder Betrachter muß seine eigene Antwort finden. So ist die Absicht des geschriebenen Textes in diesem Buch nicht, eine exakte systematische Erklärung zu geben, sondern intuitiv, blitzartig die Aufmerksamkeit des Lesers zu erfassen, um ihm zu zeigen, welch ein Reichtum in den Bildern verborgen ist und wie das Gold in uns selbst dadurch gehoben werden kann.

Der Zugang zur Ägyptologie ist hier nicht akademisch. Denn unter einer mythologischen Klassifikation und Kommentierung wird sehr oft das Bild verdeckt; der Leser wird getrennt vom Bild, und die okkulte psychologische Lehr- und Heilungsabsicht geht dabei verloren.

Die vorliegende Arbeit versucht daher die Bilder von einer solchen künstlichen Ummantelung zu befreien, damit sie sich selber ausdrücken können auf ihre eigene symbolische Weise, als psychologische Koans, als Botschafter einer alten Gnosis, welche sich unmittelbar an unsere Tiefe und Höhe, an unsere Weite und Ganzheit wenden. Darin liegt ihre Heilwirkung. Die Bilder wenden sich somit nicht an unseren Intellekt.

Die in diesem Buch vorgelegten Ergebnisse stammen aus dem »Identity Research Institute« in Pondicherry, das von den Autoren dieses Buches gegründet wurde. Das Institut versteht sich als Forschungsstelle für fundamentale Psychologie. Man geht davon aus, daß es zweierlei Forschungsrichtungen gibt. Eine Richtung, die Unterschiede hervorhebt, und die andere, die Identitäten sucht. Die zwei Wege der Forschung führen zu unterschiedlichem Wissen und zu jeweils eigenen Kommunikationssystemen. Die erste bezieht sich meistens auf die Form, die zweite auf die Funktion. Das eine ist getragen von einem verbalen Bewußtsein und verbaler Kommunikation, das andere von einem psychosynthetischen Bewußtsein und einer Symbolkommunikation.

Die Strukturen der Forschungsarbeit im Identity Research Institute werden wie folgt definiert:

1. Veco (verbal consciousness and verbal communication) und Syco (psychosynthetic consciousness and symbolic communication). Es sind zwei verschiedene biologische Systeme mit unterschiedlicher Funktionsweise.
2. Veco und Syco sind komplementär und scheinen alternativ in Aktion zu treten.
3. Syco wurde voll entfaltet in der Evolution, früher als Veco; und die gegenwärtige Überentwicklung von Veco hat die Tendenz, Syco zu verdrängen.
4. Syco ist nicht primitives Veco. Syco ist grundlegender als Veco, besonders für die Beziehung zu Tieren, zu Kindern, zu unserem eigenen Über- und Unterbewußtsein, und vielleicht auch zu außerirdischen Intelligenzen.
5. Syco kann besonders beobachtet werden bei
   a) Neugeborenen und Vorschulkindern,
   b) bei Genies und Mystikern,
   c) bei nicht-menschlichen Primaten
   d) und bei der vorgeschichtlichen Menschheit.

Alle Forschungen – Veco- und Sycomethoden – finden komplementäre Anwendung im Identity Research Institute in Pondicherry. Was auch studiert wird, es kann nichts Fremdes sein, so unterschiedlich es auch sein mag, da das Spiel der Differenz eine darin enthaltene Identität impliziert.

Die Studien und Untersuchungen des Instituts konzentrieren sich im wesentlichen auf drei Bereiche:

a) Psychologie des Kindes,
b) Primatologie,
c) Ägyptologie.

Das reiche Bildmaterial des alten Ägypten wird unter dem Syco-Aspekt gesehen, das heißt, es wird erkannt, daß hier nicht materielle Dinge dargestellt sind, sondern psychische Realitäten und ein Syco-Weg aufgezeigt wird.

Unsere frühesten Vorfahren waren offenbar nicht in die Spezies des homo faber oder homo habilis, des Benutzers von Werkzeugen, einzuordnen, sondern sie waren von der Art des homo rishi, des Suchers, des Menschen, der nach Einsicht strebt.

Keine moderne psychologische Theorie kann uns das gesamte Spektrum psychologischer Phänomene erklären. Die alten Ägypter aber bauten ein ganzes Netz von Beziehungen und Aspekten für unsere Seele, indem sie einfach in den physischen Ereignissen ihrer Umgebung analoge Lehren für ihre Seele sahen. Was immer wir in der physischen Welt antreffen ist ein Spiegel unseres Seins und kann uns wichtige Einsichten in uns selbst geben – aus dem einfachen Grund, weil wir alle Teile derselben Wirklichkeit sind.

Für die Praxis führen die vorliegenden Untersuchungen zu dem Ergebnis, daß Syco vor allem in der Erziehung des Kindes ebenso sorgfältig entwickelt werden sollte wie Veco, unser analytisches Denken. Die Kombination beider führt zu mehr Plastizität, Harmonie und zu integralem Wachstum des Menschen. Die Fähigkeit, Veco und Syco in uns selbst in einer einzigen Struktur darzustellen, bringt eine integrale Sicht des Universums und ein besseres Verständnis des Menschen und seines Dilemmas.

Bad Urach, 1. 6. 1989 Edgar Thriemer

Anmerkungen

1. Horus ist die latinisierte Form des ägyptischen Namens. Er war ursprünglich ein Himmelsgott, dessen Augen die Sonne und der Mond waren. Als Himmelsgott wird er häufig in der Gestalt eines Falken dargestellt, ebenso als geflügelte Sonne, oder als Mensch mit einem Falkenkopf. In einer anderen mythologischen Variation wird er – als Sohn der Isis und des Osiris – als »Horus das Kind« gezeigt, das mit kindlicher Gebärde den Finger im Mund hat.

Die Flügelsonne entspricht der alten Vorstellung, daß die Fittiche des Falken sich über die ganze Welt erstrecken. Sie stellt also ein solares Symbol dar.

Seth würde nach moderner psychologischer Formulierung die Schattenseite des Horus darstellen. Eines der häufigst gebrauchten Beiworte für diesen Königsgott war »groß an Kraft«. Er ist es, der, am Bug des Sonnenschiffes stehend, während der »Nachtmeerfahrt« die große Dunkelschlange Apophis bekämpft und besiegt, um den Weg frei zu machen für den neuen Sonnenaufgang. Er ist ein mächtiger Königsgott, Herr der Erde und der Tiere.

Im Mythologem dieses unter- und oberägyptischen Götterpaares heißt es, daß der hohe König selber die »Ämter von Horus und Seth« als »Erbe der beiden Brüder« vereinigt. (Manfred Lurker, Götter und Symbole der alten Ägypter, Scherz Verlag, Bern – München – Wien, für Otto Wilhelm Barth Verlag, 1974.)

Seth wurde in der Gestalt eines Tieres verehrt, welches zoologisch nicht genau definierbar ist. Am meisten Ähnlichkeit besteht mit dem Esel, wobei die steil nach oben stehenden, oben eckig abgeschnitten wirkenden Ohren ein spezifisches Merkmal darstellen. Häufig trägt er die ägyptische Doppelkrone. (E. Otto, M. Hirmer, Osiris und Amun, Himer Verlag München, 1966, Abb. 5.)

2. Hapi ist der Gott des Nils und damit der Herr über die Überschwemmungen, Herr der Fruchtbarkeit, der Ernährer und Hüter der heiligen Rituale in den jeweiligen Tempeln zum Schutz der Menschen und der Natur. Als Fruchtbarkeitsgott wurde er häufig mit Osiris identifiziert, »dessen rituelle Totenfeiern alljährlich beim höchsten Stand der Überschwemmungen gefeiert wurden«. Er galt auch als das Nilwasser selber. Bilder von ihm zeigen einen grün oder blau bemalten Mann, oft mit hängenden Brüsten als Zeichen seiner ernährenden Kräfte.

Aber es gibt auch HAPI, den Sohn des Horus, der Paviansköpfige, der den Norden symbolisierte und zu seinem Wächter bestellt war. Der Name wird zum Symbolschlüssel für den weitreichenden dynamischen Wirkkreis von Leben, Fruchtbarkeit, Tod und Auferstehung im Wandlungsraum immer neuer Göttervarianten. (Ägyptische Mythologie, Emil Vollmer Verlag, Wiesbaden, 1968, S. 106, 114.)

3. Der Falke nahm in Ägypten aufgrund seines sehr hohen Fluges wie durch seine Kraft und Angriffslust in der kultischen Verehrung eine besondere

Stellung ein. Bereits in der Pyramidenzeit erscheint das Bild des Falken als Hieroglyphe des Gottes, und als »König der Lüfte« wird er zum Symboltier des Horus, ebenso auch zum Symbol des göttlich-irdischen Königtums der Pharaonen. Als Gott-Symbol sind seine breiten Schwingen der Schutz der Erde. (Manfred Lurker, Symbole der alten Ägypter, O. W. Barth Verlag, Weilheim/Obb., 1964.)

4. Re bedeutet zunächst das Gestirn »Sonne«. In älteren Abhandlungen findet man auch den Namen Ra, der sich auf die Sonne selber bezog. Um diesen Götternamen rankt sich ein breiter Mythenkreis von Götterfamilien, die sich am klarsten in der »Großen Neunheit« darstellt. Die bestimmende Chiffre für den ausgedehnten Götterkult mit seinen vielfältigen Facetten wurde bestimmt von dem täglichen Weg über den Himmel. »Die Texte beschreiben sein Erscheinen an den fernen Küsten des Ostens, wo eine Herde von Pavianen ihn nach seinem Auftauchen aus den Wassern begrüßt. Die von der nächtlichen Erstarrung befreiten Tiere tanzen vor Freude über sein Erscheinen. Re besteigt dann seine Tagesbarke und segelt bis zum Abend über den Himmel. Darauf wechselt er sein Fahrzeug und steuert in der Nachtbarke durch die Unterwelt, wozu er bis zu seinem neuerlichen Erscheinen zwölf Stunden braucht.« (Lexikon der ägyptischen Kultur, S. 216, R. Löwit, Wiesbaden, o. J.; Ägyptische Mythologie, Veronica Jons, Emil Vollmer Verlag, Wiesbaden, 1968, S. 24.)

5. Das Bild stellt den Pharao Sethos I. dar, der hier das Symbol für Leben und Macht ist. Er ließ für sich einen Totentempel errichten mit sechs Kammern für die Gottheiten und die Bilder mit begleitenden Texten, die das heilige Ritual der Anbetung nach dem Tode darstellten (Kulte, Orakel und Naturverehrung im alten Ägypten, Artemis-Verlag, Zürich und Stuttgart, 1960, S. 37.)

6. Auf einer Wandmalerei im Grab des Herrschers aus der späten 18. Dynastie überreicht Haremheb der Göttin Hathor Wein. »Haremheb beendete die Wirren, die nach dem Tode Echnatons eingetreten waren, und hielt somit den Niedergang des ägyptischen Reiches auf. Er verehrte keinen Gott ausschließlich, weder Amun noch Aton, noch irgendeine andere Gottheit, obwohl sein Name darauf hindeutet, da er Horus ergeben war.« Auf diesem Wandgemälde sind die beiden Kartuschen über dem Kopf des Königs in Farbe dargestellt. (Ägyptische Mythologie, Emil Vollmer-Verlag, Wiesbaden, 1968, S. 28.)
Symbolisch bedeutet Kartusche: »Das, was die Sonne umkreist.« Das dieser Vorstellung entsprechende Zeichen war eine Seilschleife mit einem Knoten. Und da man zum Ausdruck bringen wollte, daß die ganze Welt dem Pharao untertan sei, umrahmte man seinen Namen mit einer solchen »Kartusche«, die sich dann seinem Namen anpassen konnte und eine ovale Form annehmen mußte.

7. Vergleiche hierzu auch die Darstellung in: Ägyptische Unterweltsbücher von Erik Hornung, Artemis Verlag, S. 442, Abb. 91, Teil A, 10. Szene. Der kurze Text zu dieser Szene heißt: »So sind diese Götter beschaffen. Sie hüten die beiden vernichtenden Arme, die in der Vernichtungsstätte sind.
Sind sie es, welche ihre Sonnenscheibe hochheben, ihre beiden Arme sind es, welche Re hochheben . . .«

8. Auch diese Darstellung findet sich in vergleichbarer Form in E. Hornung, Ägyptische Unterweltsbücher, S. 435. »Zwischen vier Kreisen steht ein mumiengestaltiger Gott, bekrönt von einem Widdergehörn und einem Federnpaar. Zwei kleinere Mumiengestalten verbinden jeweils zwei Kreise . . . Die mittlere große Göttergestalt bleibt anonym, hat aber die Beischrift: ›So ist dieser Gott beschaffen, der Hüter der Leichname im Westen.‹« Es ist ein Bild mächtiger gesammelter und kreativer Sonnenenergie.

9. Edmund Dondelinger, Das Totenbuch des Schreibers Ani, Akademische Druck- und Verlagsanstalt, Graz/Austria, 1987. Auf dem Bild »wächst eine Lotosblüte aus einem Teich, aus ihr kommt ein Menschenkopf hervor . . .« »Hier liegt eine deutliche Anspielung auf die Weltentstehungslehre vor . . .« Sie entspricht der Vorstellung, daß eine solche Blüte auf dem Ur-Wasser schwamm, aus der die Sonne emporstieg und damit die Nacht vom Tage getrennt wurde.

10. Im Papyrus des Hunefer ist auf der wunderschön farbigen Malerei zwischen Hunefer und dem Benu-Vogel noch ein Opfertisch mit Opfergaben. Die Begegnung mit dem Symbol-Vogel des hohen Sonnengottes Re-Atum deutet auf den Wandlungs- und Selbstwerdeweg der Initiation während der Nachtmeerfahrt, bzw. des Todesweges hin. Der Benu-Vogel hat die gleiche Bedeutung wie der Phönix: Symbol der Auferstehung von den Toten. (Ägyptische Mythologie, Emil Vollmer Verlag, Wiesbaden, 1968, S. 23/24.)

11. Der Widder galt als Symbol der Fruchtbarkeit. Er wurde als der Kindschöpfer »Chnum« verehrt, der das auf seiner »Töpferscheibe« gestaltete Kind im Samen in den Schoß der Mutter gleiten ließ. Dem entspricht auch sein Wächteramt an der Nilquelle, wo er die furchtbaren Überschwemmungen lenkte. Er wurde mit den Göttern Re (Sonne, Himmel), Geb (Erde), Schu (Luft) und Osiris (Unterwelt) identifiziert – und von daher auch als der »vierköpfige Chnum« dargestellt. Der neben ihm abgebildete Skarabäus galt als Symbol für die Selbstschöpfung. Man nahm an, daß er von selbst aus der kleinen Mistkugel, die er mit seinen Vorderbeinchen vor sich herschob, entstand. Tatsächlich schützte er aber die Eier und Larven in dieser Kugel. Bis zum heutigen Tage aber gilt er als Symbol neuen Lebens und wird als Amulett verkauft.

12. Im Pfortenbuch der Unterweltsbücher heißt es zu dieser Gestalt: »Ein Gott, der den hinteren Arm erhebt und in jeder Hand einen Stern trägt: Der zur Stunde gehört.«
»Er erhebt sich für Re, damit er zufrieden sei mit dem, ›Der zur Stunde gehört.‹ Dieser Gott ist es, der ihn (Re) geleitet, während die Stunde ihre Pflicht tut.« (Ägyptische Unterweltsbücher, Artemis Verlag, Zürich und München, 1972, S. 286.)

13. Die liegende Frauen-Gestalt ist Schetit, von der Re sagt: »O dieses Bild mit geheimen Erscheinungsformen, das unter den Füßen der Schetit ist – . . .« Die Schetit ist das Gestorbene und Re verkündet die Aufforderung: »Ich befehle euch, daß eure Leichname atmen, ihr jubelt über mich, (und ich) juble über euch.« Aus: Das Buch von der Erde, S. 478, Abb. 109, Teil D, 15. Szene (Ägyptische Unterweltsbücher, Artemis Verlag, Zürich und München, 1972).

14. Siehe hierzu die Nut-Szene. Hier wird die »Geheime« mit einem widderköpfigen Gott und der Sonnenscheibe auf der Hand dargestellt. Zwischen den aufgereckten Schlangen kann man eine symbolische Darstellung des Sonnenlaufes erkennen mit vier Krokodilen, die, aufwärts steigend, und, vor ihr, abwärts wandernd ein Skarabäus, ein Widder, ein widderköpfiger Gott und zuletzt das Sonnenkind. Alle Einzelaspekte sind mit Symbolen versehen, die in konzentrierter Form eine ungemein reiche Aussage enthalten. (Ägyptische Unterweltsbücher, Artemis Verlag, Zürich und München, 1972, Das Höhlenbuch, S. 372, Das Buch der Erde, S. 464.)

15. Die Schlange gehört zu den Tieren, die einen besonders breiten Wirkfächer aufweisen: schön und geheimnisvoll, gefährlich und mächtig, erdnah und verbunden mit chthonischen Kräften, sich verjüngend mit der Häutung. Als animalischer Trabant des Erdschoßes gehörte sie zu den lebenschaffenden Mächten. Aber auch der hohe Gott Amun bediente sich der erektiven Kräfte der Schlange und erscheint in der Gestalt der Schlange Kematef. »Die bedeutendste schlangenartige Gottheit ist Uto, deren heiliges Tier, die Uräus, sich um das Diadem des Königs windet.« (Manfred Lurker, Götter und Symbole der alten Ägypter, Scherz Verlag, Bern – München – Wien, für Otto Wilhelm Barth Verlag, 1974.)

16. »Die Katze, Re symbolisierend, schlägt der Schlange der Finsternis, Apophis, den Kopf ab.« (Evelyn Rossiter, Die ägyptischen Totenbücher, Der Papyrus des Hunefer, S. 88/89, Productions Liber SA and Editions Minerva SA, Fribourg – Genève, 1979/1984, Parkland.)

17. Im heliopolitanischen Mythos ist Nut die Tochter des Luftgottes Schu und Mutter des Sonnengottes Re, den sie am Abend verschlingt und am Morgen wiedergebiert. Sie gehört als wichtige Gestalt in den Wiedergeburtszyklus und die Auferstehungssymbolik. Sie bildet mit ihrer Körperhaltung das Himmelsgewölbe und begrenzt mit ihren Händen und Füßen den Horizont. Sie ist das empfangend Bergende und immer neu Gebärende des großen Weiblichen. So heißt es von den Gestirnen: »Sie gehen in ihren Mund ein und kommen wieder hervor aus ihrem Schoß.« Man stirbt in den Himmel – ihren himmlischen Schoß – und wird wiedergeboren zur Erde. (Manfred Lurker, Götter und Symbole der alten Ägypter, Scherz Verlag, Bern – München – Wien, für Otto Wilhelm Barth Verlag, 1974, S. 126.)

18. Das Herz hatte im ägyptischen Kulturraum schon sehr früh eine umfassende psychosomatische Bedeutung. Es war Sinnbild des Lebens schlechthin. Den Verstorbenen ist das Herz »davongegangen«. An diesem Organ hing die Vorstellung vom Weiterleben nach dem Tode. Darum wurde bei der Einbalsamierung dieses Organ nicht aus dem Körper entfernt. »Die Götter schufen das Sehen der Augen, das Hören der Ohren, das Atmen der Nase, damit sie dem Herzen Bericht erstatten. Das Herz ist es, das jede Erkenntnis hervorkommen läßt, die Zunge ist es, die verkündet, was das Herz beschlossen hat.« Das Herz wird beim Totengericht im Jenseits auf einer Waage gewogen, damit die Richter entscheiden können, ob ein Verstorbener auf Grund eines gerechten Lebens die Unsterblichkeit der Seligen verdient hat. Das Herz wurde auf diese Weise zur inneren Gewissensinstanz. (R. Löwit, Wiesbaden, Lexikon der ägyptischen Kultur.)

19. Das zentrale Ereignis der Unterweltfahrt ist das Totengericht. Zur rituellen Waage gehören die Götter Thot und Anubis mit besonderen Erscheinungs- und Verhaltensweisen in den einzelnen Todesmythologemen. Anubis war eine Hunds- oder Schakalgottheit (Wolfsmaske), der anfänglich wohl nur den Todverkünder für den Pharao darstellte. Möglicherweise mußte ein Pharao nach einer bestimmten Regierungszeit rituell oder tatsächlich sterben, indem Anubis (oder ein ihn darstellender Priester) mit einer Viper sein Leben beendete. Auch Osiris soll auf diese Weise nach 28jähriger Herrschaft ermordet worden sein. Mit dem auserwählten Gott der Toten entfaltete sich ein strenges Schutzritual für den Toten: der Gott überwachte die richtige Einbalsamierung. Er empfing den Toten in seinem Grab, vollzog bei der Mumie das Ritual des »Mundöffnens« und führte die freigewordene Seele »zum Feld der Himmlischen Opfergaben«. Seine Hauptaufgabe aber war die Überwachung und Durchführung des Herzwägens. Sein Urteil wurde von den hohen Göttern Thot, Horus und Osiris anerkannt.

20. Auch der Totengott Thot, der als Ibis oder als Pavian angebetet wurde, gehört zu den wichtigen Begleitgöttern der Unterweltreise ins Totenreich. Er gehört auch zu den mächtigen Verteidigern der Sonnenbarke bei ihrer Reise durch die Schattenwelt und im Kampf gegen die Apophisschlange. Er galt als Gott der Weisheit, der Erkenntnisse und als Berechner der Zeit. Sein Wort als Totenrichter hatte entscheidende Kraft. (Ägyptische Mythologie, Emil Vollmer Verlag, Wiesbaden, 1968, S. 79, 82, 108.)

21. Die Göttin Maat personifiziert das Ur-Gesetz des Seins, der Wahrheit und der inneren Ordnung. In diesem Sinne ist sie die göttliche Ordnung der Speise des Sonnengottes Re und wird als Symbol wie eine kleine Puppe auf der Hand getragen, um als rituelles Opfer den Göttern dargebracht zu werden. Die Richter galten von daher als Priester der Maat, und beim Totengericht wurde das Herz des Toten gegen die Kopf-Feder der Maat gewogen.

22. Der Text zu dem ganzen Bild heißt: »Das Wägen des Herzens. Anubis führt Hunefer in die Halle der beiden Maat, wo sein Herz (mit anderen Worten: sein Gewissen) gegen die Feder der Ordnung, Gerechtigkeit und Wahrheit gewogen wird. Anubis prüft das Zünglein an der Waage, während die ›Fresserin‹ (Krokodilgott Sobek) zusieht. Thot verzeichnet das Resultat. Sodann führt er Hunefer zum Schrein, worin Osiris auf dem Thron sitzt (Bildausschnitt auf Seite 173), hinter ihm seine Schwestern Isis und Nephtys; aus dem Wassertümpel unter dem Thron wächst eine Lotosblüte empor, auf der (dem großen Gott Horus) zugewandt, die vier Horussöhne stehen. Das geflügelte Udjat-Auge trägt ein Schen-Zeichen und eine Feder.« (Evelyn Rossiter, Parkland, Die Ägyptischen Totenbücher, S. 82/83.)

23. Die Kuh galt in Ägypten als heiliges Tier der beiden Göttinnen Hathor und Isis. Beide Göttinnen waren kuhgestaltig dargestellt. Hathor war eine große Himmelsgöttin, die als allumfassende Muttergöttin verstanden wurde. Ihre Kulte waren weit verbreitet, und so hatte sie auch viele Namen. Sie war gleichzeitig die Seele der Bäume und als große Ernährerin, die Amme der Könige. Manchmal sah man in ihr sogar die Schöpferin des All. Sie gehörte zu den

Gottheiten, die meist mit voll zugewendetem Gesicht dargestellt wurden. Ursprünglich galt sie als Tochter der Himmelsgöttin Nut und des Erdgottes Geb. Gleichzeitig aber war sie auch die Tochter des Re, der sie sehr liebte, weshalb man in ihr auch seine Frau sah. Hathor war auch das Auge des Re und als solches sandte er sie aus, um seine rebellischen Untertanen zu unterjochen. In diesem Zusammenhang wird sie als »rasende Löwengöttin« dargestellt, die in ihrer Blutgier nicht mehr gebändigt werden konnte. Als Muttergöttin aber war sie das Symbol der Freude und der weiblichen Anmut. Zu ihrem facettenreichen Bild gehört ihre schützende Kraft für alle Schwangeren und Gebärenden. Sie wurde als Kuh mit sternenübersätem Leib, dann wieder als Frau mit sistrumförmigem Kopf mit Kuhohren oder mit Kuhhörnern und der Sonnenscheibe dazwischen dargestellt.

24. Der Esel galt in Ägypten nicht nur als Tier, sondern vor allem als Metapher des geplagten, gequälten und dunklen Lastträgers. Als Dämon bewachte er die Tore der Unterwelt. Er galt als Widersacher der lichten göttlichen Mächte, stellte sich als »77 Esel« dem Aufgang der Sonne entgegen und war das Tier des bösartigen Seth. Seine Namenshieroglyphe wurde mit einem zwischen seinen Schultern steckenden Messer dargestellt.

25. Der Geier ist als Wappentier Oberägyptens mit der oberägyptischen Krone dargestellt und symbolisiert die damalige Landesgöttin Nechbeth. Die Uräusschlange trägt als Symboltier Unterägyptens die entsprechende Krone. Geierbilder gehören zur Grabausstattung des Königs. Sie bezeichnen und schützen mit ausgebreiteten Flügeln den Weg des Königs. Hier tragen beide das alles sehende göttliche Auge des Sonnengottes.

26. Das Ergreifen und Ergriffenwerden von der achtfachen Ganzheit. »Ein Kopf und zwei emporgestreckte Arme ragen aus der Erde. Auf dem Kopf steht eine Göttin, . . . mit der Sonnenscheibe zwischen ihren emporgereckten Händen. Auf den Handflächen sind zwei anbetende Götter gestellt . . .« (Ägyptische Unterweltsbücher, Das Buch der Erde, Artemis Verlag, Zürich und München, 1972, S. 436 f.)

27. Die ausgesprochen symbolhaften Kronen der Ägypter waren magische Machtzeichen, die teilweise mit dem Auge des Gottes oder mit der häufig zugleich auftauchenden Uräusschlange, ebenso auch mit einer heiligen Flamme, die den Gott bzw. den König schützt, identifiziert wurden. Neben der »Federkrone«, die in dieser Form vor allem von Schu, dem Luftgott, der auch als »Leere« bezeichnet wurde, getragen wurde, ist hier die Geier-Haube mit der Hieroglyphe »Thron der Isis« und die Federkrone mit den gedrehten Widderhörnern, den beiden Straußenfedern und zwischen deren Kielen die Sonnenscheibe sowie das königliche Symbol der Uräusschlange dargestellt.

28. Im gesamten Nilland galt der Löwe als solares Tier. »Im Totenbuch (Kap. 62) heißt es: ›Ich bin der löwenköpfige Gott, ich bin Re‹.« (Manfred Lurker, Götter und Symbole der alten Ägypter, Scherz Verlag, Bern – München – Wien, für Otto Wilhelm Barth Verlag, Seite 111.) Wie auch auf dieser Darstellung wird eine Löwengottheit mit weiblichen Kennzeichen als Göttin angebetet. Als Sonnentier symbolisiert der Löwe nicht nur den Sonnenauf- und -untergang – er ist damit gleichzeitig Wächter der Sonnenbarke und gefährlicher Feind der Dunkelschlange Apophis –, sondern auch Symbolträger für Tod und Wiedergeburt. Dadurch entstand auch sein Wächteramt an den Tempeltoren und am Thron des Pharao.

29. Vgl. hierzu: Das Pfortenbuch, Ägyptische Unterweltsbücher, S. 242/243, 35. Szene, Abbildung 36.

30. »Ein doppeltes Armpaar, das aus der Tiefe des Urgewässers NUN emporgreift, umfaßt eine große Sonnenscheibe, auf der ein Gott zwischen zwei feuerspeienden Uräus-Schlangen steht. Über dem Gott ist eine zweite, etwas kleinere Sonnenscheibe dargestellt, und ein Halbkreis aus noch kleineren Sonnenscheiben und Sternen (je zwölf), der die mittlere Scheibe umgibt, ruht auf den ausgestreckten Händen zweier Göttinnen.« (Siehe dort auch die dazugehörenden geheimnisvollen »Beischriften«, S. 462/463, (Ägyptische Unterweltsbücher, Das Buch von der Erde, S. 462, Zweite Szene.)

31. Das Buch der Erde, S. 440, Drittes Register, Neunte Szene: Zwei stehende Mumien. Die vordere trägt eine große Sonnenscheibe, aus welcher der Kopf eines Käfers (»Der zur Geburt gehört«) mit preisenden Armen hervorschaut. Die Beischrift lautet: »So ist der Gott beschaffen. Er erhebt den, ›Der zur Geburt gehört‹.« Auf der hinteren Mumie steht eine anbetende Göttin, die im folgenden Text den Worten des Sonnengottes Re lauscht, von den Mächten der Wiedergeburt (S. 441).

32. Aker ist der Gott Erde. Er wird wie ein schmaler Landstreifen dargestellt mit zwei Menschen- oder Löwenköpfen jeweils am Ende einer Seite, die nach Westen hin den Sonnenuntergang und den Beginn der Nachtmeerfahrt, nach Osten hin den Sonnenaufgang bedeuten.

33. Das Buch von der Erde, S. 486, Sechste Szene: »Siehe dazu die großartige Anrufung des Sonnengottes.«

Bibliographie

1. *Sri Aurobindo:* Sri Aurobindo Birth Centenary Library 1/IX, S. 202 (Sri Aurobindo Ashram, Pondicherry, India, 1972).
2. *Baines, J.*, and *Malek, J.:* Atlas of ancient Egypt (Phaidon, Oxford, 1980).
3. *Bänziger, M.:* Das Altägyptische Lebensbuch (Osiris Verlag, Nussbaumen, 1979).
4. *Bonnet, H.:* Reallexikon der Ägyptischen Religionsgeschichte (Walter de Gruyter, Berlin, 1971).
5. *Brunner-Traut, E.:* Gelebte Mythen (Wissenschaftliche Buchgesellschaft, Darmstadt, 1981).
6. *Brunner-Traut, E.*, und *Hell, V.:* Ägypten (W. Kohlhammer, Stuttgart, 1978).

– (2) *Bruyère, B.*, and *Kuentz, C.:* Tombes thébaines: la Nécropole de Deir el-Médineh (Institut français d'archéologie orientale, Kairo: Mémoires, LIV, 1926).

7. *Bucher, P.:* Les textes des tombes de Thoutmosis III et d'Aménophis II (Mémoires publiés par les membres de l'Institut Français d'archéologie orientale du Caire, 60, 1932).
8. *Budge, E. A. W.:* The Book of the kings of Egypt (Kegan Paul, Trench, Trübner & Co., London, 1908).
9. The Gods of the Egyptians (Dover Publications, New York, 1969).
10. An Egyptian Hieroglyphic Dictionary (Dover Publications, New York, 1978).
11. *David, R.:* Kunstschätze Ägyptens (Hoffmann und Campe Verlag, Hamburg, 1981).
12. *Denon, V.:* Planches du Voyage dans la Basse et la Haute Egypte pendant les campagnes du Général Bonaparte (Imprimerie de Didot l'Aîne, au Palais des Sciences et Arts, Paris, 1802).
13. *Dondelinger, E.:* Der Jenseitsweg der Nofretari (Akademische Druck- und Verlagsanstalt, Graz, Austria, 1977).
14. *Ermann, A.*, u. *Steindorff, G.:* Zeitschrift für ägyptische Sprache und Altertumskunde (Leipzig, 1863 ... 1980).
15. *Faulkner, R. O.:* A concise dictionary of middle Egyptian (Griffith Institute, Oxford, 1976).

15.a. *Faulkner, R. O.:* Pyramid Texts (Oxford University Press, 1969).

16. *Gardiner, A.:* Egyptian grammar (Griffith Institute, Oxford, 1978).
17. *Gauthier, H.:* Mémoires publiés par les membres de l'Institut Français d'Archéologie Orientale du Caire (Tome dix-septième, 1907).
18. *Hornung, E.:* Das Grab des Haremhab im Tal der Könige (Francke Verlag, Bern, 1971).
19. Ägyptische Unterweltsbücher (1972);
20. Das Totenbuch der Ägypter (1979);
21. Tal der Könige (1982) (Artemis Verlag, Zürich).
22. *Husson, C.:* L'offrande du miroir dans les temples égyptiens de l'époque gréco-romaine (Institut V. Loret, Lyon, 1977).
23. *Ions, V.:* Egyptian Mythology (Hamlyn, New York, 1975).

24. *Kolpaktchy, G.:* Das Ägyptische Totenbuch (Otto Wilhelm Barth Verlag, München, 1973).
25. *Lange, K.*, u. *Hirmer, M.:* Ägypten (Hirmer Verlag, München, 1967).
– (2) *Le Corsu, F.:* Isis, mythe et mystères (Société d'édition »Les Belles Lettres«, Paris, 1977).
26. *Lurker, M.:* Götter und Symbole der alten Ägypter (Otto Wilhelm Barth Verlag, München, 1974).
– (2) *Naville, E.:* Das Ägyptische Totenbuch der XVIII. bis XX. Dynastie, 2 Bde. u. (Einleitungsband, Berlin 1886, Neudruck Graz 1971).
27. *Peck, W. H.*, and *Ross, J. G.:* Drawings from ancient Egypt (Thames and Hudson, London, 1978).
28. *Piankoff, A.:* The tomb of Ramesses VI (1954);
29. The shrines of Tut-Ankh-Amon (1955);
30. Mythological Papyri (1957);
31. The Litany of Re (1964) (Bollingen Foundation, New York).
– (2) *Piankoff, A.:* Bulletin de la Société d'Archéologie Copte 16, 1962.
– (3) *Piankoff, A.:* Egyptian Religion (Samuel A. B. Mercer, New York, 1935).
32. *Roeder, G.:* Die Ägyptische Götterwelt (1959);
33. Ägyptische Mythen und Legenden (1960);
34. Kulte und Orakel im alten Ägypten (Artemis Verlag, Zürich, 1960).
35. *Rossiter, E.:* Die Ägyptischen Totenbücher (Liber, Genève, 1984).
– (2) *Schäfer, H.:* Von ägyptischer Kunst (Harrassowitz, Wiesbaden, 1965).
36. *Schwaller de Lubicz, R. A.:* Sacred Science (Inner Traditions International, New York, 1982).
– (2) *Speleers, L.:* Le Papyrus de Nefer Renpet (Brüssel, 1917).
37. *van de Walle B.*, et *Vergote, J.:* Traduction des Hieroglyphica d'Horapollon (Chronique d'Egypte, numéros 35 et 36).
38. *Wildung, D.:* L'Age d'or de l'Egypte (Presses Universitaires de France, 1984).
39. Lexikon der ägyptischen Kultur (R.Löwit, Wiesbaden, S. 259).
40. *Hornung, E.:* Ägyptische Unterweltsbücher, S. 444, Abb. 93 (Artemis Verlag, Zürich und München, 1972).

Stichwortverzeichnis

Die Autoren

Medhananda
geboren 1908 in Pforzheim, Deutschland. Jurastudium in München, Heidelberg und Paris. Referendarzeit in Frankfurt. Nach der Machtergreifung durch die Nationalsozialisten 1933 verließ er Deutschland und ging nach Moorea als Kaffee- und Vanillepflanzer. 1940 französischer Kriegsgefangener in Tahiti.
1952 kam er in den Sri Aurobindo Ashram nach Pondicherry in Süd-Indien, wurde dort Bibliothekar der Sri Aurobindo Bibliothek und Dozent für Religionsgeschichte. Herausgeber des Magazins »Equals One« von 1965 bis 1977. Autor zahlreicher psychologischer Artikel und Schöpfer eines psychologischen Spiels, »Der Goldene Ball«. Gründete mit Yvonne Artaud das »Identity Research Institute« in Pondicherry, eine Forschungsstelle für fundamentale Psychologie. Erforschung der Psychologie des alten Ägyptens anhand seiner Bilder und Hieroglyphen, einem Sammelbecken der prähistorischen Weisheit des Menschen als Ausgangspunkt für den nächsten Schritt der Menschheit.

Yvonne Artaud
geboren 1924 in Lyon, Frankreich. Fachärztin für Kinderzahnheilkunde in Paris und Professor für Radiographie.
Sie kam 1952 in den Sri Aurobindo Ashram. Studien der Psychologie des Selbst-Gewahrseins, seit 1963 speziell bei Vorschulkindern und bei in Südindien vorkommenden Affen. Sie ist Autorin von Abhandlungen über Erziehung zur Freiheit und über tierische Intelligenz, Herausgeberin der »Aurogramme«, einem symbolischen Schreibsystem für Kinder. Entwickelt Methoden und Spiele, um die holistische Intelligenz zu fördern und in den Kindern das dualistische Bewußtsein zu versöhnen.